picture book magazine

라키비움 J lollipop

밤은 깊은 밤, 달은 둥근 달

먼지 앉은 책 무더기,
오랜 세간살이, 화분 위
이파리들을 닦아주는
다정한 달빛을 따라
추억과 환상의 세계에
빠져보자.

나의 그림책방 6 달을 산 남자 신동준 지음 13,000원

아이는 아이대로, 어른은 어른대로 즐기는 **나의 그림책방**

섭순
고진이 지음
38쪽 | 13,000원

풀이 나다
한나 지음
38쪽 | 12,000원

파도타기
장선환 지음
46쪽 | 15,000원

열무와 할머니
정문주 지음
38쪽 | 13,000원

눈물 조각
고진이 지음
38쪽 | 13,000원

 070-8865-0385　weeran@naver.com　https://blog.naver.com/weeran　https://www.instagram.com/ttalgibooks/

J 목차

008 첫인사
레드+옐로+민트+보라 = 뱅글뱅글 롤리팝

010 아름다운 그림책: ABC 그림책
26개 알파벳으로 26만 가지 상상력

019 그림책 물성 안내서
그림책을 만져 봐

049 인터뷰: 『인어를 믿나요?』 작가 제시카 러브
당신은 지지받기 위해 태어난 사람

058 그림책 속 인어 변천사
누가 인어공주에게 돌을 던지는가?

067 인터뷰: 『눈, 물』 작가 안녕달
이야기 만드는 걸 좋아하는
안녕달 작가의 나른하고 솔직한 이야기

079 그림책 속 인물들의 MBTI
당신과 닮은 그림책 주인공은 누구인가요?

088 영어 그림책 공부법
원서와 한글책, 같이 읽으면 좋을까요?
답은 ☐에 따라 다르다!!!

094 그림책 상 파헤치기
상상 그 이상의 상, 그림책 상

108 헌사열전

라키비움 Larchiveum은
도서관(Library) + 기록관(Archive) + 박물관(Museum)이다.

J는 여행(Journey)이기도 하고,
폴짝 뛰어오르는 것(Jump)이기도 하다.
기쁨이 넘치는 것(Joyful)이며 동시에 저널(Journal)이다.
작은 새(Jay)이기도 하며
제이(提耳)는 '명사. 귀에 입을 가까이하고 말함.
또는 친절하게 가르치거나 타이름'이다.
그리고 제2. 첫 번째보다 더 설레는, 제2이다.

『라키비움J』는 당신과 그림책 세상을 연결하는(Join)
독자 기반 그림책 잡지이다.

책의 생명은 독자가 결정한다!
복간본으로 다시 만나는 명작 그림책

그림책을 사랑하는 독자들의 열화와 같은 요청으로 그동안 잊어진
명작 그림책들이 다시 찾아옵니다. 유리 슐레비츠부터 데이비드 위즈너까지,
거장들의 걸작들을 복간본으로 새롭게 만나 보세요.

자유 낙하
꿈속으로 자유 낙하하다! 끝없이 이어지는 환상의 여행
데이비드 위즈너 글·그림 | 이지유 해설

허리케인
허리케인이 지나간 자리에서 펼쳐지는 무한 상상의 세계
데이비드 위즈너 글·그림 | 이지유 옮김

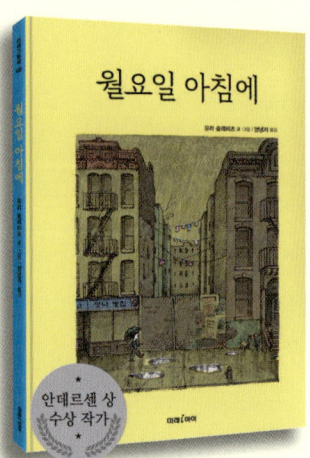

월요일 아침에
유리 슐레비츠의 반복과 리듬의 판타지
유리 슐레비츠 글·그림 | 양병자 옮김

세상에서 가장 맛있는 무화과
꿈과 현실을 넘나드는 기막힌 반전
크리스 반 알스버그 글·그림 | 이지유 옮김

오리건의 여행
잃어버렸던 '나'를 찾아 떠나는 머나먼 여행
라스칼 글 | 루이 조스 그림 | 곽노경 옮김

미래i아이
블로그 blog.naver.com/miraeibooks
인스타그램 @mirae_ibooks

124 칼럼: 스킨십 독서
"그림책을 읽으면 뭐가 좋아요?" 물으신다면

128 작가 만남: 이수지 북토크
힌토끼를 따라 우리는 수지랜드로 간다

131 인터뷰: 작가 이수지
여러분이 제 정신을 쏙 빼놓으셨습니다

134 그림책 일기
『사사사사사』

141 그림책 속 숨은그림찾기
어른보다 아이들이 더 잘 찾아요

154 부부 작가 이야기
아픔이 그림책으로 승화되다

162 칼럼: 다이내믹 그림책 육아
그림책 읽고 자란다고 그림같이 클 것 같나요?

167 『우리는 딱이야』 그림 작가 – 편집자 – 글 작가

168 인터뷰: 『우리는 딱이야』 그림 작가 댄 샌탯
"그날 이후, 여섯 명이 비클 문신을 했어요."

176 인터뷰: 『우리는 딱이야』 편집자 로템 모스코비치
숨어 있으나 강력한 손, 그림책 편집자

182 인터뷰: 『우리는 딱이야』 글 작가 민 레
제가 가장 좋아하는 곳이요? 좋은 책의 한가운데죠

표지 안녕달
『당근 유치원』(창비)

『라키비움J』 롤리팝의 모든 기사 내용은 저작권법의 보호를 받고 있으므로 무단 전재와 복제를 금합니다.
Copyright ⓒ 2022 JForum
All rights reserved. Reproduction of the whole or any part of the contents without written permission from the publisher is prohibited.

「마음버스」ⓒ김유·소복이

「일러스트레이터 에런의 첫 번째 이야기」ⓒ안드레아 비티·데이비드 로버츠

188 슬기로운 쇼핑 생활
그림책 러버의 다이소 쇼핑 목록

192 칼럼: 여성은 왜 글을 써야 하는가? Ⅰ
위대한 괴물의 탄생, 메리 셸리는 어떻게
프랑켄슈타인을 만들었을까요?

200 칼럼: 여성은 왜 글을 써야 하는가? Ⅱ
대체 내 속에 어떤 힘이 있길래,
그토록 나를 두려워하느냐

206 모리스 샌닥의 초대장
그림 형제의 길에서 날아 온 샌닥의 초대장

210 모리스 샌닥의 일생
샌닥은 파는 것

214 샌닥 ♡ 모차르트
샌닥이 사랑한 모차르트

222 그림책 작가의 반려동물
찾았냥? 나를 찾아 보시개!

230 편집 후기

라키비움J 롤리팝
ⓒ 제이포럼 전은주 오현수 임민정 이시내 하예라 김미선 용희진
정정혜 조이스박

발행일 1판 1쇄 2022년 6월 15일
　　　　1판 3쇄 2025년 1월 16일
발행인 주식회사 제이포럼 전은주
편집장 임민정
기획 편집 오현수 이시내 하예라 정유진 김미선 용희진
일러스트 구본재, 김리연, 김미진
디자인 표지 김진영 본문 노현옥
마케팅 이보민, 양혜림
고마운 분들 안녕달, 서채린, 강신은, 허영수
제작처 영신사
펴낸곳 주식회사 제이포럼
등록일 2020년 10월 29일
등록번호 과천, 사00005
주소 (03832) 경기도 과천시 별양로 164 711동 2303호(부림동)
전화번호 02-3144-3123
광고 및 문의 jpbforum1@gmail.com | 인스타그램 @larchiveum_j
카페 네이버 '제이그림책포럼'

ISBN 979-11-975253-4-6 (04800)
ISBN 979-11-975253-0-8 (세트)

ISSN 2734-1976

 첫인사

레드+옐로+민트+보라
= 뱅글뱅글 롤리팝

『라키비움J』를 다섯 권 만드는 동안 자주 들은 얘기가 두 가지 있습니다.
"지난 호는 구할 수 없나요?" 그리고 "다음 호는 무슨 색깔이에요?"
1호는 레드였습니다. 12월에 나온 데다 '빨간 모자' 특집 기사가 있었으니까요. 빨강 표지에 어울리도록 초록과 금색 리본을 한 권 한 권 밤새 묶어서 배송했답니다. 아이도 어른도 즐거운 그림책 이야기로 가득한 선물 같은 잡지이기를 기도하는 마음이었습니다. 2호는 옐로! 개나리가 피는 3월에 나왔으니까요. 그리고 '민트', '보라'로 이어졌습니다.
"이제 블랙 에디션 한번 해야죠?" "무슨 소리. 당연히 호피 무늬죠." 오랜 독자들끼리 하는 농담입니다. 사실 계속 색깔을 주제로 표지를 만든 이유는, 딱 하나. 표지 디자인을 따로 만들 예산이 없었거든요. 부족해서, 모자라서 어쩔 수 없이 단색 표지를 만들었는데, 이렇게 행복한 이벤트가 되다니요. (하긴, 인생은 늘 짐작과 다르게 흘러 가더라구요.)

덕분에 『라키비움J』는 1호, 2호라고 부르기보다 '라키 민트', '라키 핑크' 이렇게 색깔 이름으로 부릅니다. 이번 호는 '레드', '옐로', '민트', '보라' 네 권을 한데 모았습니다. 그래서 이번 호 이름은 레드부터 보라까지 여러 색깔이 돌돌 말려 있는 커다란 사탕 '롤리팝'입니다. 롤리롤리 롤리팝! 레드부터 보라까지 각 권에서 가장 사랑 받은 기사만 쏙쏙 골라 모았습니다. 보강 취재를 충실히 하고 새로 덧붙인 내용도 많아서 이전 기사를 읽은 독자들도 다시 읽을 만하다고 자신합니다.

고백하자면, 고작 일이 년 전인데도 지난 기사를 읽으면서 좀 쑥스러웠습니다. "여러부운~ 그림책은 너무너무 재미있답니다아~" 어지간히 큰 소리로, 어지간히 비장한 심정으로 외쳐 댔구나 싶습니다. 적당한 톤 앤 매너로 다정하게 말씀드릴걸 그랬습니다. 좀 더 명확하게 쓰고, 좀 더 보기 편하게 페이지를 꾸밀걸 그랬습니다. 그래도 이런 쑥스러움이

다행스럽기도 합니다. 그만큼 '라키팀'이 성장했다는 뜻일 테니까요. 시간이 지난 다음에 롤리팝을 본다면 또 쑥스러웠으면 좋겠습니다. 더 쉽고, 더 재미있고, 더 깊게 썼어야 한다고 부끄러워하려면 그만큼 쑥쑥 성장해야겠지요.

그때까지 롤리팝, 달콤하게 즐겨 주세요.

발행인_ 전은주

『삶의 모든 색』(리사 아이사토 글, 그림 / 길벗어린이)

아름다운 그림책: ABC 그림책

26개 알파벳으로
26만 가지 상상력

『A B See』(Elizabeth Doyle / Little Simon)

언젠가 미국 도서관에서 ABC책만으로 책장 하나를 가득 채운 것을 보고 깜짝 놀란 적이 있다. A is for apple, B is for Bear 하는 식의 ABC만 알았기에 아이들에게 낱말을 가르치려고 만든 책인 줄만 알았다. 작가들은 똑같은 ABC로 누가 더 기발하고 재미있게, 누가 어떤 세계관을 표현할 것인가 경쟁이라도 하듯 아이디어를 내어 놓는다. 예를 들면 『Alphabet City』(Stephen T. Johnson / Puffin Books)는 도시의 풍경 속에서 알파벳 26개를 숨은그림찾기 하노라면 어느새 도시의 이모저모를 들여다볼 수 있고, 『Today I feel…: An Alphabet Feelings』(Madalena Moniz / Abrams Appleseed)는 adore(흠모하다), brilliant(멋진), curious(호기심이 많은) 등 여러 감정과 기분을 느낄 수 있다. J는 jeolous(질투하다)이다. 『The Gashlycrumb Tinies』(Edward Gorey / Harcourt Brace)는 제목만 봐서는 ABC책이라고 알기도 어렵다. 내용도 어렵다. Amy, Basil, Clara… ABC 순서대로 이름을 가진 아이들이 어떻게 죽었는지 그린 책이라니!

'각 페이지는 알파벳 순서대로 시작해야 한다'는 조건이 있기에 작가들은 더욱더 조건을 뛰어넘는 자유로움을 보여 준다. 적당한 제약은 창조성을 더욱 자극한다.

『Animalphabet』(Julia Donaldson, Sharon King-Chai / Pan MacMillan)

『An Artist's Alphabet』(Norman Messenger / Walker Books Ltd)

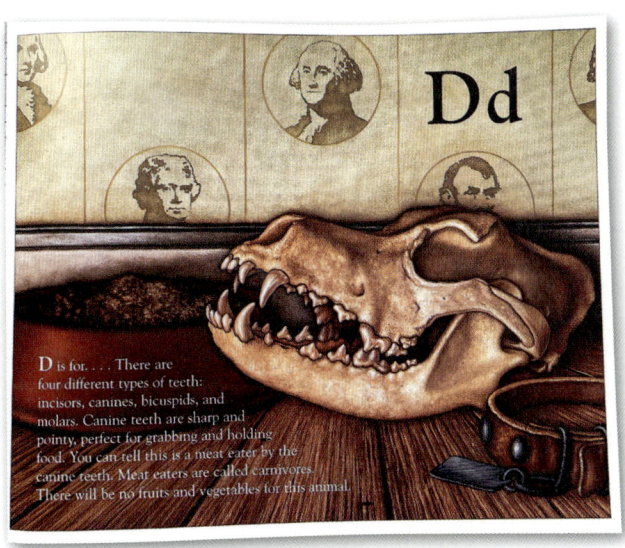

『The Skull Alphabet book』
(Jerry Pallotta, Ralph Masiello / Charlesbridge Publishing)

『The Human Alphabet』(Pilobolus, John Kane / Roaring Brook)

ABC 그림책으로 만드는 A to Z

『The Most Amazing Hide-and-Seek Alphabet Book』(Robert Crowther / Candlewick Pr)

『On Market Street』(Arnold Lobel, Anita Lobel / Simon & Schuster / Paula Wiseman Books)

『What Pete Ate from A-Z』(Maira Kalman / Puffin Books)

『*Z is for Moose*』(Kelly Bingham, Paul O. Zelinsky / Harpercollins Childrens Books)

『*Abzzz...: A Bedtime Alphabet*』
(Isabel Minhós Martins, Yara Kono / Thames & Hudson)

『*ABC: Off to Sea!*』(Virginie Morgand / Thames & Hudson)

『*Bruno Munari's ABC*』(Bruno Munari / Diaphanes)

『*Animalia*』(Graeme Base / Puffin Books)

『*Animalphabet*』
(Julia Donaldson, Sharon King-Chai / Pan MacMillan)

『*Alfie's Alphabet*』
(Shirley Hughes / Lothrop Lee & Shepard)

T를 찾아 보세요!

『*Alphabet City*』(Stephen T. Johnson / Puffin Books)

『Anno's Alphabet』(Anno Mitsumasa / Hapercollins)

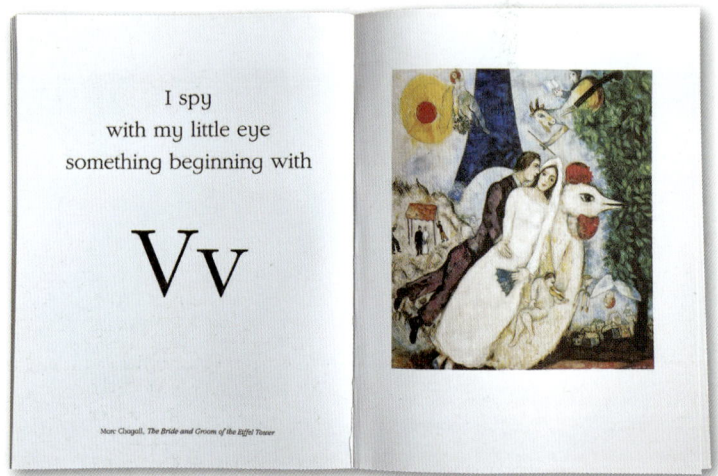

『I SPY: An Alphabet in Art』(Lucy Micklethwait / Greenwillow Books)

『ABC 3D』(마리옹 바티유 / 보림)

『Alphabet Mystery』(Audrey Wood, Bruce Wood / Blue Sky Press)

『A is for Angry: An Animal and Adjective Alphabet』
(Sandra Boynton / Workman Publishing)

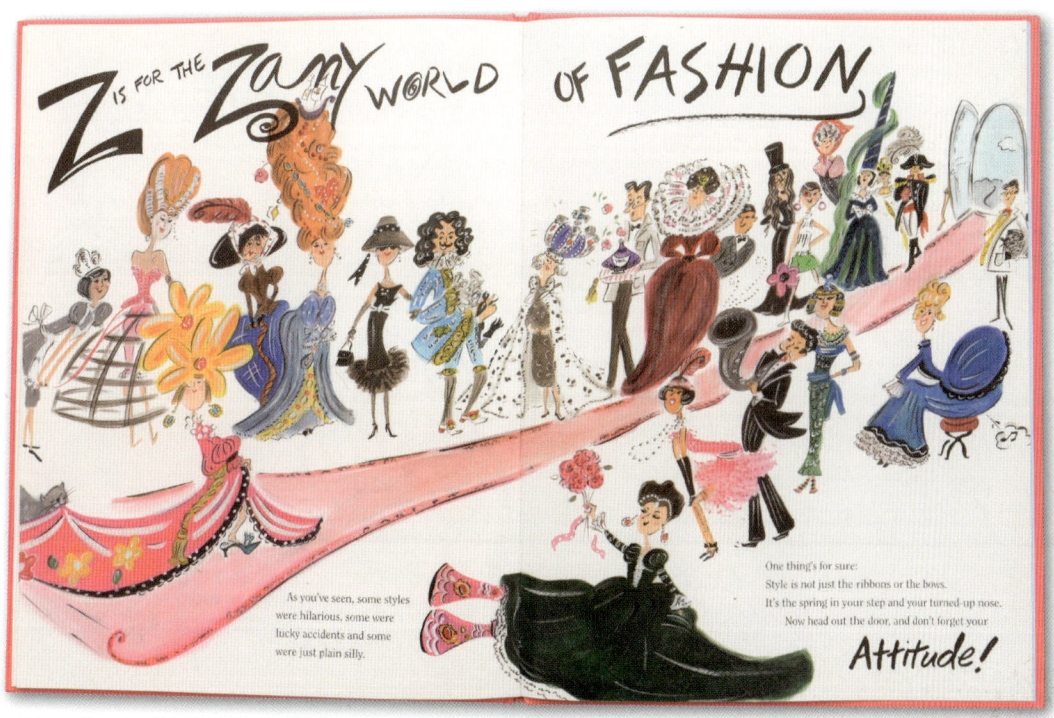

『When Royals Wore Ruffles: a Funny & Fashionable Alphabet』
(Pamela Jaber, Chesley McLaren / Schwartz & Wade Books)

글_ 전은주, 사진_ 이시내

**뉴욕타임스 올해의 그림책, 세계일러스트어워드 수상 작가
김효은의 두 번째 창작 그림책**

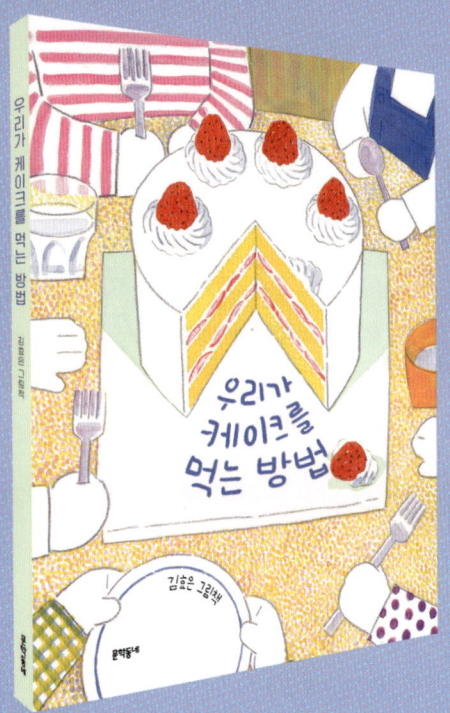

우리는 무엇이든 5로 나눕니다.
공평하고 정확하게 나누기 위해서는
여러 가지를 고려해야 하지요.
가끔은… 예상치 못한 일도 일어납니다.
만약에 그것이 기회라면, 놓치지 말고 잡아야 해요!

우유 한 팩, 짱맛나 한 봉지,
치킨, 선풍기, 화장실, 하나뿐인 삼촌까지
나눌수록 커지는 이상한 셈법의 비밀

우리가 케이크를 먹는 방법
김효은 글·그림 | 문학동네

그림책을 더 즐겁게 읽는 방법 _일 년 내내 문학동네 그림책과 함께
몸으로 읽기, 여럿이 함께 읽기, 깊이 읽고 뒤집어 읽기!

문학동네 그림책
독후 활동
온라인 스토리지
바로가기

독후 활동 자료는 계속 업데이트됩니다!

문학동네

J 그림책 물성 안내서

그림책을 만져 봐

물성은 말 그대로 물질이 가지고 있는 성질이다. '그림책의 물성'은 그림책이 종이책으로서 가지는 특별한 성질을 말한다. 흔히 그림책에서 글과 그림만 보기 십상이지만 그림책은 그 이상의 것들로 이루어져 있다. 겉싸개, 표지, 앞뒤 면지, 가름끈, 판형에 이르기까지 그림책의 물성이 한데 모여 독서 경험을 한층 더 풍성하게 만든다. 책을 만드는 이들은 온갖 디지털이 넘치는 세상에서 종이책만이 가지는 물성을 영리하게 이용하여 책의 목소리를 더 크게 만들고, 기발한 즐거움을 선사한다. 이런 그림책을 만나면 어딘가 간질간질하다. "여러분, 이 책 좀 만져 봐요. 어쩜 이래요?" 동네방네 책을 들고 소리치고 싶다.

2019년 3월 『라키비움J 옐로』부터 시작한 책의 물성을 집중 탐구한 시리즈는 "그림책 읽는 것이 더 재밌어졌다." "그림책이 새롭게 보인다." "더 깊이 이해하게 되었다."는 뜨거운 반응을 받았다. 기존 시리즈 제목은 '그림책 세계를 여행하는 히치하이커를 위한 안내서'였으나, 단순하고 직관적인 제목으로 탈바꿈한 이 기사의 제목은 바로 '그림책을 만져 봐'.
마지막으로, 물성을 가장 즐기는 방법은 '소유'이다.

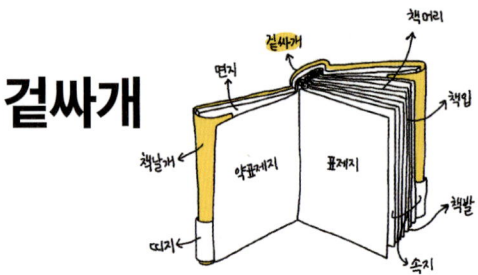

겉싸개

여기 막 나온 따끈따끈한 그림책 한 권이 있다. 제목과 작가 이름을 보고, 책장을 넘기려는데 자꾸 뭔가가 팔랑인다. 책을 감싸는 종이가 한 겹 더 있고, 그 종이를 벗겨 내니 새로운 표지가 독자를 반긴다. 이 종이는 뭘까? 겉싸개, 덧싸개, 영어로는 'Dust Jacket'이라 부른다. 보통 양장본 표지를 감싸는 종이로 끝부분은 접어 넣어 책날개로 쓴다. 예전에는 제작비 문제와 더불어 배송이나 보관 시 훼손되는 경우가 많아 원서에 있던 겉싸개가 번역서에는 없는 경우가 많았다. 번역된 그림책이 들어가는 국내 시리즈가 겉싸개를 쓰지 않는 똑같은 크기로 제작될 때도 종종 사라졌다. 하지만 최근에는 겉싸개를 이용해 작가의 의도를 숨기거나 반전을 선사하는 등 숨은 재미를 선사하는 책들이 늘어나고 있다. 겉싸개가 있다면 무조건 벗겨 보라. 겉싸개와 표지가 똑같은 책도 있지만, '이게 이런 뜻이었어?' 감탄이 터져 나오는 책을 발견할 수 있다. 안타깝게도 대부분 도서관에서 만나는 그림책은 보관 등 여러 사유로 겉싸개가 존재하지 않는다. 숨바꼭질하듯 감추어 놓은 재미가 강제로 드러나거나 겉싸개를 잃은 표지에 제목이 없는 일도 있어 어떤 책인지 모르는 경우도 있다. 어쩔 수 없다. 겉싸개가 소중해서 구매하고, 계절에 맞춰 특별판 겉싸개가 나오면 또 사는 슬픈 운명의 수집가는 이 기사를 쓴다.

『그래봤자 개구리』(장현정 글, 그림 / 모래알(키다리)) 한 권은 소장용, 한 권은 영업용으로 구매했는데 두 권 다 찢어졌다. 역시 세 권을 사야 했다.

겉싸개와 표지가 함께 있어야 온전한 하나

겉싸개의 매력은 벗겼을 때 표지와 겉싸개가 다른 반전도 있지만, 표지와 겉싸개가 합쳐져서 온전히 하나가 되는 책을 만났을 때 즐거움이 배가 된다. 자물쇠와 열쇠가 만나 비밀 일기장이 풀리는 것처럼 겉싸개와 표지가 함께여야 의미 있는 책들이 있다. 『그래봤자 개구리』의 표지는 수많은 올챙이알로 덮여 있다. 도서관에서 겉싸개 없는 이 책을 만난다면 알 수 없는 동그라미에 깜짝 놀랄 독자도 있겠지만, 겉싸개가 더해진 이 책은 완연한 메시지를 담고 독자에게 전해진다. 그림책 속 주인공은 꿈을 이루기 위해 노력하지만 "그래봤자 개구리"라며 무시와 비난에 깊은 바닥까지 내려간다. 어두컴컴한 바

닥에서 오기 가득한 눈빛으로 뛰어올라 "그래! 나 개구리다!" 외치는 개구리는 읽을 때마다 통쾌함과 짜릿함을 선사한다. 표지에 에폭시로 반짝이는 알들은 개구리 모양으로 뚫린 겉싸개가 합쳐져야 비로소 온전해진다. 개구리 안에 담긴 알을 보며 생각에 잠긴다. 올챙이 시절 자신의 꿈을 잊지 않으며 흔들림 없이 길을 걷는 이의 뒷모습은 언제나 아름답다. 나는 개구리가 된 성공에 취하지 않고, 뒤에 오는 다른 이들을 떠올리는 개구리의 모습에 지금의 나를 다잡는다. 책장에 꽂을 때마다 구겨질까 봐 손이 떨리지만, 이 책은 소장할 가치가 차고 넘친다. 암. 있고말고.

촉각을 깨우는 겉싸개

벗겨 보면 주인공의 속마음이 드러나거나(곰씨의 의자), 겉싸개에는 해가 반짝이는 낮의 마을 풍경을 담고, 표지에는 해가 저문 마을을 담은 그림책(바닷가 탄광 마을)도 있다. 등대지기의 삶을 담은 그림책 역시 겉싸개 덕에 낮과 밤의 색다른 모습을 만날 수 있다(안녕, 나의 등대). 이렇게 물성을 이용해 감동을 극대화하거나 숨은 해석을 숨겨 둬 독자를 즐겁게 하는 책도 많고, 질감까지 더한 책도 있다.

『곰씨의 의자』(노인경 글, 그림 / 문학동네)

『바닷가 탄광 마을』
(조앤 슈워츠 글, 시드니 스미스 그림 / 국민서관)

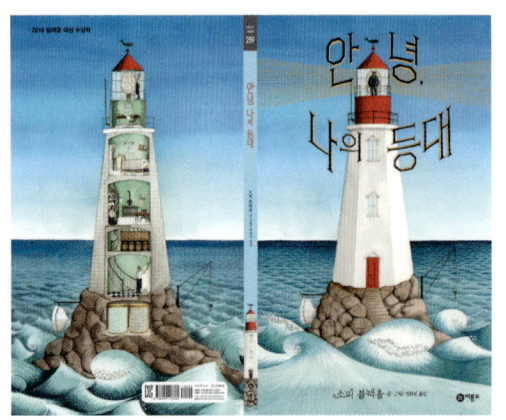

『안녕, 나의 등대』(소피 블랙올 글, 그림 / 비룡소)

『때』는 '옷이나 몸 따위에 묻은 더러운 먼지 따위의 물질, 또는 피부의 분비물과 먼지 따위가 섞이어 생긴 것'과 '시간의 어떤 순간이나 부분'(출처: 네이버 국어사전)이라는 동음이의어를 사용해 때수건을 화자로 만든 그림책이다. 몸의 '때'를 벗기며 각자의 '때'를 기다리는 책의 겉싸개는 초록색 때수건을 본떠 만들었다. 겉싸개를 벗겨 내면 자신의 때를 기다리는 중년 여성의 뒷모습이 보인다. 이 책을 촉각을 깨우는 겉싸개라고 소개한 이유는 만져야만 알 수 있기 때문이다. 겉싸개의 때수건은 까칠까칠한 질감을 살려 실제 때수건을 만지는 듯하다. 초판이 나왔을 당시 굿즈가 진짜 때수건이었으니 책을 만드는 이들이 독자에게 이 책을 건네고 싶은 '때'를 감각 있게 준비했구나 싶다. 작가의 다음 작품인 『나는 한때』 역시 독자가 겉싸개를 직접 뜯는 상호 작용으로 완성하는 책이다. 나의 한때가 담긴 머리카락의 변천사를 따라 순간을 영원으로 기록하는 그림책으로, 머리카락을 자르듯 독자가 겉싸개를 잘라야만 한다. 찢으면서 심장도 같이 뜯기는 독자도 있으니, 바로 필자다. 나도 안다. 뜯어야

『때』(지우 글, 그림 / 달그림)

때수건이 그림책 굿즈!
때수건의 질감을 잘 살린 겉싸개

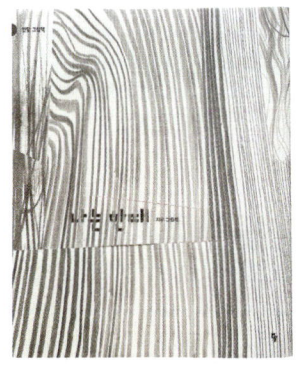

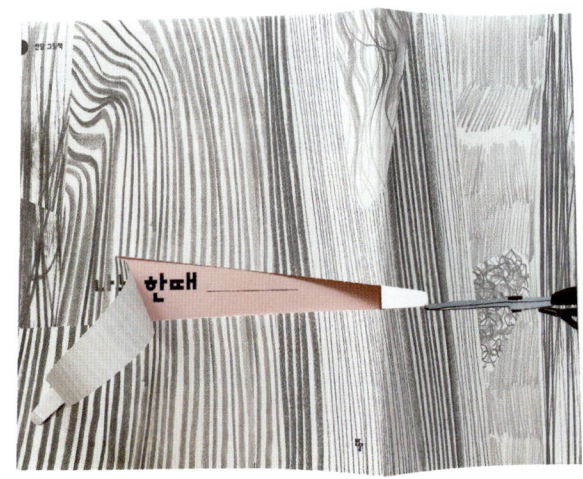

『나는 한때』(지우 글, 그림 / 반달(킨더랜드))

수집가의 욕망을 건드리는 한정판 겉싸개

완성된다는 것을! 하지만 소심한 손 덕에 뜯다 멈춰 버린 미완성으로 책장에 꽂혔다. 이 책을 도서관에서 만나면 겉싸개 없이 분홍색 책으로만 기억될 것 같아 마음이 더 아프다.

사계절이 뚜렷한 날씨 덕분에 계절마다 입는 옷이 다르듯 특별한 시즌마다 옷을 갈아입는 그림책도 있다. 한정판 또는 특별판, 개정판으로 새로운 겉싸개를 입고 나오는 그림책 말이다. 겉싸개만 다른데 또 사냐고 묻는다면, "네." 누군가는 사고 있다. 그리고 그만큼 인기 있는 책이기에 가능하다는 뜻이다. 겉싸개가 다른 책을 만날 땐 지인들과 각자 집에 있는 그림책 겉싸개가 어떤 버전인지 비교하는 재미도 있다. 이 책을 모르면 '요즘 그림책 안 읽었구나?' 단언할 수 있는 『이파라파냐무냐무』 역시 그렇다. 암호문 같은 이파라파냐무냐무의 뜻을 추리하는 동안 지레짐작한 오해를 깨닫게 만드

는 재치 만점 그림책은 세 종류의 겉싸개를 갖고 있다. 초판 겉싸개와 겨울 딸기 리커버와 개정판 겉싸개 세 가지 말이다. 겉싸개마다 캐릭터의 귀여운 콘셉트는 이미 구매한 독자의 지갑을 자꾸만 노린다. 겉싸개에 진심인 작가 덕에 같은 책이 꽂혀 가도 한 권씩 모두 다른 걸 어떻게 하나. 하늘 아래 같은 립스틱 색깔 없듯 하늘 아래 같은 겉싸개는 없다.

펼치는 순간
눈앞에 쏟아지는 여름

『이파라파냐무냐무』(이지은 글, 그림 / 사계절)

『여름이 온다』는 비발디 「사계」 중 '여름' 1, 2, 3악장에서 영감을 받은 이수지 작가의 그림책이다. 빈 종이 위에 색종이, 연필, 수채, 담채, 아크릴 등 다양한 재료와 기법을 자유롭게 사용하며 지휘자처럼 그림으로 곡을 완성한다. 무대가 준비되고 막이 열리며 시작한 그림책은 두꺼운 장을 넘길 때마다 수많은 심상을 불러 일으키고, 음악 속에서 맘껏 헤엄치게 만든다(오케스트라 단원들은 바캉스 프로젝트의 작가들이다). 안데르센 상을 수상하며, 이 책 역시 겉싸개가 심상치 않다. 겉싸개를 뒤집어 펼치면 오선지 위에 작가가 그린 여름의 풍경이 펼쳐진다. 표지 역시 한여름의 열기와 더위를 머금은 구름의 향연으로 순식간에 여름을 눈앞에 쏟아 놓는다. 펼칠 때마다 음악이 흘러나오는 아름다운 그림책을 놓치지 말길 바란다.

『여름이 온다』(이수지 / 비룡소)
펼치는 순간 음악이 쏟아지는 겉싸개 뒷면

띠지

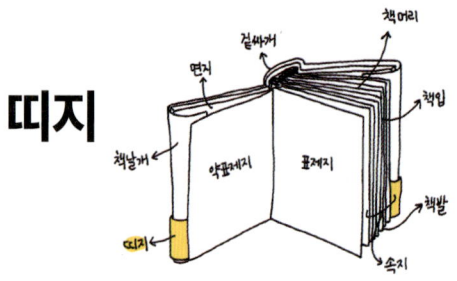

띠지 한 장에 함축된 삶의 순환

책 표지 위에 띠지처럼 두른 종이로 홍보에 중요한 문구들이 적혀 있다. 수상 경력이나 영향력 있는 전문가의 추천사 등 말이다. 띠지를 책갈피처럼 쓰는 독자도 있고, 어차피 꽂히면 너덜거린다고 버리는 독자도, 책 일부라고 소중하게 보관하는 이도 있다. 잡지를 만들어 보니 알겠다. 대부분 읽지도 않고 버리는 게 띠지지만, 잠깐이라도 독자의 시선을 잡길 바라는 마음으로 만드는 게 띠지라는 것을. 책을 만드는 이들의 고민이 담긴 진화한 띠지를 소개한다.

『나의 엄마』는 띠지를 지혜롭게 활용한 대표 책이 아닐까 싶다. 대부분의 띠지는 표지 아랫부분에 가로로 둘러 있지만, 이 책의 띠지는 세로다. 노년의 엄마와 젊은 딸이 손을 잡는 띠지를 벗기면 나이 든 엄마가 사라지고 어린 딸이 나타난다. 『나의 엄마』는 나를 존재케 한 엄마의 이야기와 더불어 나를 엄마로 살게 한 아이의 삶까지 순환하는 이야기다. 띠지 한 장으로 책의 메시지를 전하는 감각에 감탄이 절로 나온다.

『나의 엄마』(강경수 글, 그림 / 그림책공작소)

이것은 띠지인가, 겉싸개인가

『라키비움J 민트』(3호)에서는 겉싸개로 소개했던 책이지만, 기자들 사이에서도 "겉싸개다, 띠지다." 의견이 분분하다. 그 까닭은 처음에는 빵을 담는 봉투 모양으로 나왔다가 띠지로 바뀌었다가 다시 봉투 겉싸개로 돌아왔기 때문이다. 서로 다른 속도로 달려가는 세상에서 나눔과 배려를 생각하게 해 주는 따뜻한 그림책『탄 빵』은 언제 구입했는지에 따라 띠지인가 겉싸개인가 고민이 들게 하지만 그게 뭐가 중요한가. 소리를 흉내 내는 말 단원에 읽어 주다, 똑딱의 속도를 조절하며 긴장감을 조성하고, 튀어나온 식빵을 보며 어떤 친구인지 추리하느라 아이들과 책에 흠뻑 빠지게 된다. 오일 파스텔과 아크릴 물감으로 그려진 빵가루를 손으로 문질러 보는 아이들과 온기 넘치는 식탁을 떠올려 본다. 봉투 모양 겉싸개를 만들기 위해 출판사 직원들이 일일이 봉투를 만드는 과정을 보고 있으면, 한 장의 띠지도 차마 버릴 수가 없다.

띠지라고 부를 수는 없지만, 갑에 담긴 그림책들

『나의 엄마』가 엄마와 딸, 여성의 삶을 그린다면『커다란 손』은 아빠와 아들, 남성의 삶을 그린다. 갑으로 제작된 누군가의 커다란 손은 책의 앞, 뒤 표지 속 인물을 껴안고 있다. 조심스레 갑을 벗겨 보면 꺼얀은 손 아래 갓난아이가, 뒷짐을 진 나이 든 아버지의 투박한 손이 나타난다. 앞 면지에서 유아차를 끌던 남성은 뒤 면지에서 아들이 끄는 휠체어에 타고 있다. 어린 시절 아버지가

『탄 빵』(이나래 글, 그림 / 반달(킨더랜드))

나를 보살폈던 작은 움직임들이 나이 든 아버지를 보살피는 아들의 모습으로 치환되며 아버지에 대한 사랑을 담은 책이다. 2022 볼로냐 라가치 상 논픽션 부문 우수상에 선정되었다.

『검정토끼』 역시 검정 비닐봉투 모양의 갑에 담긴 그림책이다. 비닐봉투와 토끼가 어떤 상관 관계인지는 갑을 벗기면 드러나는 표지에 비밀이 있다. 깡충깡충 뛰어다니는 토끼의 정체를 짐작하다 거대해진 토끼가 쏟아 낸 부산물이 어디로 흘러가는지 책의 마지막 장까지 집중하길 바란다. 그림책이 완전히 펼쳐지는 누드 사철 제본이라 책등을 보호하는 역할과 더불어 책의 존재감을 부각하는 기능과 멋을 동시에 만족한다.

이 밖에도 책을 보관하거나 부록과 함께 담기 위해 갑에 담긴 그림책들이 여럿 있다. 곳곳에 깨알같이 드러난 재치를 찾아 밝은 눈으로 즐겁게 읽어 보길 바란다.

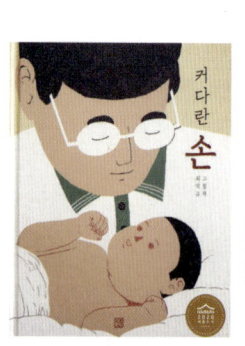

『검정토끼』(오세나 글, 그림 / 달그림)

『커다란 손』(최덕규 글, 그림 / 윤에디션)

책날개

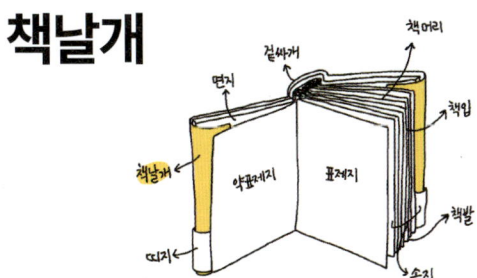

겉싸개 양 끝을 안으로 접은 부분이다. 겉싸개가 있는 책에만 해당하는 물성으로 작가의 말이나 소개, 추천사, 광고 등이 실린다. 간혹 작가나 가족의 어린 시절 사진을 발견하는 재미도 놓칠 수 없다. 그나저나 책날개라니. 이 얼마나 낭만적인 명칭인가. 훨훨 날아 독자의 맘속에 착륙하는 책날개를 많은 책에서 만나고 싶다.

작가의 목소리가 담긴 책날개

───

『비클의 모험』(댄 샌댓 글, 그림 / 아르볼)

댄 샌댓 작가의 번역서 가운데 겉싸개가 살아 있는 책날개는 하나같이 웃음이 절로 나온다. 『비클의 모험』역시 책날개에 댄 샌댓의 어린 시절과 상상 친구가 함께하는 사진이 실려 있다. 작가가 책 속 인물을 연기하느라 1인 3역을 하는 『아직 멀었어요?』(아르볼)는 절판이라 소개하지 못해 아쉽다.
국내 그림책에서는 『곰씨의 의자』 책날개를 소개한다. 겉싸개 없는 책을 읽었다면 겉싸개 뒷면의 곰씨의 그림자도, 작가가 독자에게 전하는 말도 만나지 못했을 테다.

"누군가와 함께한다는 것은 처음처럼 신나는 일만 있는 것은 아닙니다. 깊어지는 관계 속에서 간혹 '싫어'라는 말도, '오늘은 혼자 있고 싶어'라는 말도 해야 할 때가 있었습니다. 하지만 해 볼 기회가 없었고 그래서인지 지금도 그런 말을 하는 것이 저는 어렵습니다." _노인경

『곰씨의 의자』(노인경 글, 그림 / 문학동네)

작가가 건네는 비밀 편지는 『09:47』의 책날개에도 들어 있다. 간단하게 말하면 환경 위기에 관한 그림책이고, 설명을 더한다면 압도적인 스케일과 섬세한 디테일이 공존하는 글자 없는 그림책이다. 원래 이 책의 가제는 『풍덩』이었다. 책날개에 이기훈 작가가 직접 쓴 시 「풍덩」을 읽으며 다시 책 속에 빠져들어 질문을 품는다.

책등

제목과 출판사의 로고 또는 책의 상징이 드러나는 부분이다. 글자를 모르는 아이가 신통방통하게 좋아하는 책을 쏙쏙 뽑아 오는 것을 보며 놀라워했다면, 그건 책등에 그려진 그림 덕이다. 단순히 정보를 주던 책등에서 놀라운 변화를 꾀한 그림책 한 권을 더해 본다.

책 날개에 시가 있다. 『09:47』(이기훈 글, 그림 / 글로연)

지구 환경위기시계 현재 시각 9시 47분, 12시에 이르면……!

두렵지만 나를 인정한 경계, 책등

『도시 악어』는 자신의 의지와 상관없이 도시에 버려진 악어의 적응기를 담은 그림책이다. 환대받지 못하는 세상에서 살아남기 위해 발버둥을 치는 악어의 모습은 나와 닮아 쉽사리 책장을 넘기기 힘들다. 노력하면 될 줄 알았는데, 내 노력이 부족한 거니까 더 노력하면 가능하리라 믿었던 모든 것이 부정당했을 때, 더는 설 자리가 없는 위태로운 이들의 마음을 담담히 위로한다. 특히 이 책의 표지는 제목을 따라 가로 판형으로 보는 것보다 세로로 돌려 볼 때 진가를 발휘한다. 앞 표지에서는 도시의 화려한 주황빛 노을과 온기 없는 건물, 무표정하고 차가운 청록색의 사람들, 스포트라이트에 눈을 감으며 고개를 든 악어가 등장한다. 겉표지를 활짝 펼치면 뒤 표지의 악어는 노을이 부서지는 물속에 잠겨 있다. 내가 있을 곳을 못 찾았던 앞 표지와 제자리를 찾은 뒤 표지의 경계는 '책등'으로 구분된다. 수면 위에 일렁이는 노을빛으로 물든 책등은 찬란하게 물속으로 흩어져 내려

이 기 훈

충북 제천에서 사랑하는 아내의 남편으로, 귀여운 세 아이의 아빠로, 그림책을 만드는 작가로 살아가고 있습니다. 2013 BIB 어린이심사위원상을 수상하였고, 2010 볼로냐 서전에서 '올해의 일러스트레이터'와 더불어 단 두 명의 일러스트레이터에게 주어지는 '2010 MENTION'에 선정되었습니다. 제2회 CJ그림책축제에서 '올해의 일러스트레이터'로 선정되기도 하였습니다. 작품으로는 글 없는 그림책 『양철곰』, 『빅 피쉬』, 『알』이 있으며, 그 외 다양한 책에 일러스트를 그립니다.

이 기 훈

디자인 Studio Marzan 김성기

간다. 일단 그림책을 보면 표지부터 펼치는 필자는 이 책의 책등을 본 순간 감탄이 절로 나왔다. 내가 이 책을 만든 사람이라면 온 동네마다 "이런 책등 본 적 있니?" 외치고 다닐 텐데. 사소한 부분 하나까지 섬세하게 공들인 책을 만나면 절로 애정이 솟아난다.

『도시 악어』(글라인·이화진 글, 루리 그림 / 요요)

책머리와 책입, 책발

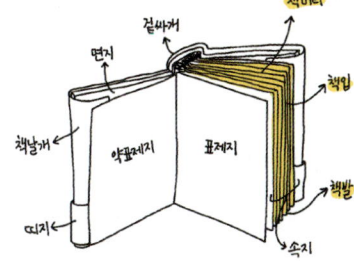

이게 무슨 이름인가 싶다면 책을 세웠을 때 위에 보이는 책장의 윗부분이 책머리, 책등과 반대되는 옆 부분이 책입(책배), 바닥이 책발(책꼬리)이 되겠다. 이 셋을 뭉쳐서 한 번에 부르는 용어는 없나? 지나치기 쉬운 이 부분도 공들인 책들이 있다.

국민 그림책 『수박 수영장』의 알 만한 사람은 다 아는 비밀을 밝혀 보자. 수박 수영장이라는 기발한 아이디어와 더불어 수박의 질감과 촉감을 이미지로 구현해 낸 이 책의 면지는 무슨 색일까? 맞다. 수박 껍질과 같은 초록색이다. 그렇다면 책머리, 책입, 책발은 무슨 색일까? 책장의 옆면을 흰색이 아닌 빨간색으로 인쇄해 독자는 책을 펼치는 순간 수박 껍질을 열고 빨

간 수박 속 세상으로 초대받는다. 감탄이 절로 나온다. 그림책의 물성을 활용한다는 건 이렇게 독자의 오감을 일깨우며 푹 빠지게 만드는 거지 싶다.

『얘들아 놀자!』 역시 한밤중에 일어나는 아이들의 모험을 담은 그림책으로 처음부터 마지막까지 배경은 오지 까만 어둠뿐이다. 검정 종이에 인쇄하는 대신 여러 잉크를 조합해 만든 새까만 색과 별색으로 책을 만들었다. 그 과정이 녹록지 않음을 아는 잡지 편집팀은 한 끗 차를 위해 수많은 도전을 했을 출판사와 작가에게 존경의 박수를 보낸다. 검정 종이가 아닌 흰 종이에 인쇄했기에 책머리, 책입, 책발이 흰색일 수밖에 없는데 마지막까지 고집스럽게 모든 면을 까만색으로 인쇄해 온전한 밤을 독자에게 선사했다. 이 책을 만난다면 한밤중 선명한 아이들의 열기와 호기심을 독자에게 생생하게 전달하려 한 이들의 정성에 박수를 보내자.

『수박 수영장』
(안녕달 글, 그림 / 창비)

『얘들아 놀자!』
(박현민 글, 그림 / 달그림)

표지

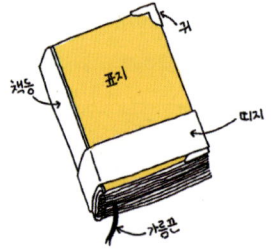

책의 맨 앞뒤 겉장을 말한다. 책의 주요 메시지를 담고 있거나 독자의 호기심을 끄는 책의 얼굴이자 책으로 유혹하는 초대장이다. 고기는 씹어야 맛이고 표지는 펼쳐야 맛이니 꼭 책을 읽기 전 확인하길 바란다. 펼치면 좋은 그림책은 너무 많아 어떤 책을 소개해야 할지 고민이 들 정도다. 앞서 소개한 『도시 악어』도 펼쳐야 맛이고, 독자의 집에 있는 그림책들 대부분이 그럴 것이다. 여기선 간단하게 세 종류로 구분해 소개한다.

표지 앞뒤가 대칭인 표지

『나는 너는』은 자전거 선수 16명에게 각각의 MBTI 유형을 적용해 한 경기 안에서 일어나는 다양한 군상의 모습을 보여 주는 그림책이다. 앞 표지는 자전거 바큇살을 따라 16명의 사람이 등장하고 뒤 표지는 그들의 뒷모습과 더불어 바코드까지 바큇살로 재현했다. 서로의 삶에 조연과 주연으로 존재하기에 다채로운 풍경을 만들어 가는 세상을 함축적으로 표지에 드러냈다. 이런 표지는 쫙 펼쳐서 보기보다는 앞과 뒤의 대칭을 확인하며 읽으면 좋다.

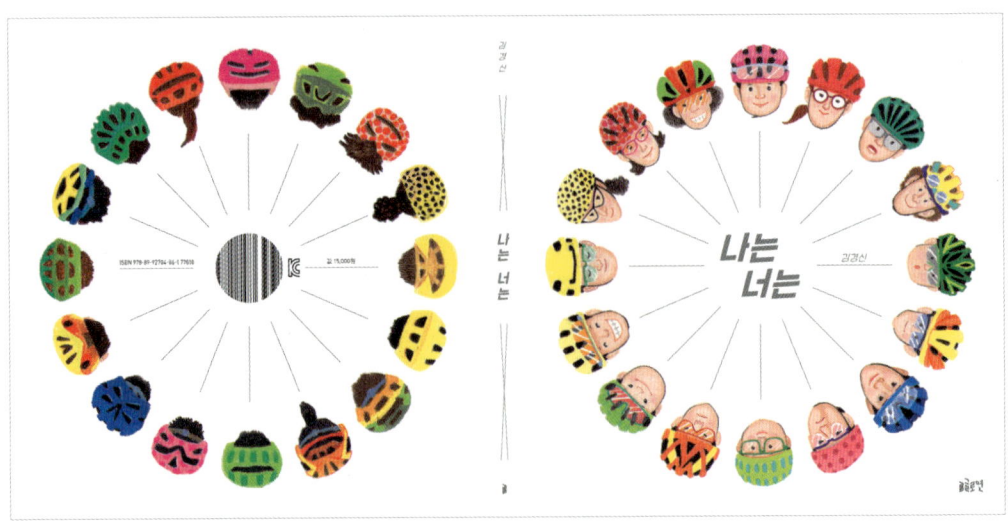

『나는 너는』(김경신 글, 그림 / 글로연)

공간감을 주는
표지

펼쳐야 맛이라는 표현은 그림책을 한 면만 봤을 때와 양면을 펼쳤을 때 독자에게 다가오는 감동의 폭이 현저히 차이가 난다는 뜻이다. 많은 책이 있지만 아름다운 그림으로 독자의 시선을 사로잡는 『오늘 상회』를 소개한다. 표지를 펼치는 순간 가슴이 탁 트이는 해방감을 얻는다. 앞 표지만 봤을 때는 어둑한 밤처럼 보이지만 펼치는 순간, 저 멀리 동트는 새벽을 만난다. 오늘 상회에서 받은 오늘이 어떤 이야기로 채워질지 표지를 펼치며 당신의 하루를 시작해 보길 바란다.

『오늘 상회』(한라경 글, 김유진 그림 / 노란상상)

표지에 숨겨진 인물과 비밀

『이까짓 거!』에서는 앞 표지 가득 내리는 빗줄기 속을 뛰어가는 여자아이를 만난다. 하교 시간, 갑작스러운 빗줄기에 당황할 수도 있는데 웃으며 힘차게 뛰어가는 아이를 보니 덩달아 제목을 소리 내 읽게 된다. "이까짓 거!" 이 책은 앞 표지만 보고 책을 읽은 뒤 표지를 펼쳐 보길 추천한다. 엄마가 올 거라는 거짓말을 하며 머뭇거리던 아이가 남의 시선에 얽매이지 않고 주저 없이 빗속을 뛰어가는 용기는 노란빛처럼 둘레까지 환하게 물들인다. 피아노 학원 앞에서 아이가 뛰어가는 모습을 바라보던 남자아이는 뒤 면지에 다시 등장한다. 뒤를 쫓아 빗속으로 따라 들어간 남자아이를 찾아보길 바란다. 다시 표지로 돌아와 양면을 펼치면 빗속을 달리는 남자아이가 앞 표지와 연결된다. 용기를 낸 두 아이의 모습에 뭉클해진다. 누군가 먼저 발을 내디디면 두 번째, 세 번째가 생긴다. 『라키비움J』의 제이(두 번째)처럼 말이다. 이렇게 그림책의 물성을 살피는 맛보기 책들로 당신의 두 번째, 세 번째 마음을 흔드는 책들이 늘어나길 바란다.

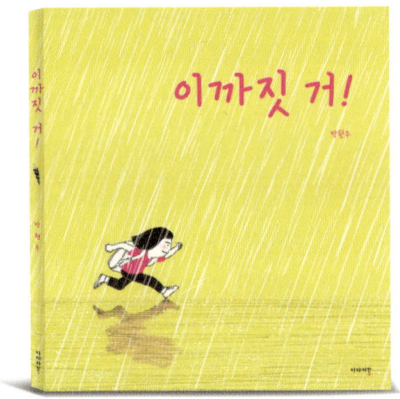

『이까짓 거!』(박현주 글, 그림 / 이야기꽃)

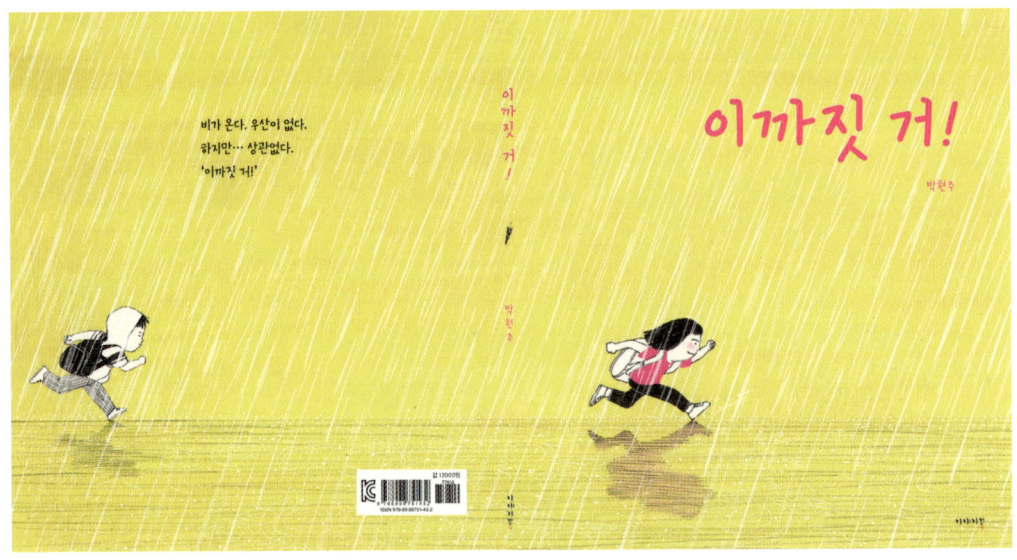

뒤 표지의 정체는 바로!

여름이면 나타나는 불청객 모기 때문에 한밤중 온 빌라 사람들이 모이는 왁자지껄 소동을 담은 그림책 『모기 잡는 책』에도 비밀이 숨어 있다. 서로 효과적으로 모기 잡는 방법을 주장하며 말싸움이 벌어질 때 어떤 인물은 행동으로 답을 보여 준다. 바로 옆에 있던 책으로 모기를 때려잡는다! 책을 다 읽고 표지를 덮는 순간 뒤 표지에 납작하게 눌려 있는 모기 한 마리를 발견한다. 내가 언제 이 책으로 모기를 잡았나 싶어 물티슈를 찾다 깨닫는다. 『모기 잡는 책』이 바로 책 속에서 모기를 잡는 그 책이다. 웃음이 절로 난다. 여름이 끝날 때쯤 뒤 표지에 몇 마리의 모기가 더 묻어 있을 수 있다. 이 책은 뒤 표지의 재미뿐만 아니라 앞 면지에서 찢어진 방충망을 노리는 모기 시점을 따라 책 속 인물들의 집의 위치를 추리하는 재미도 있다.

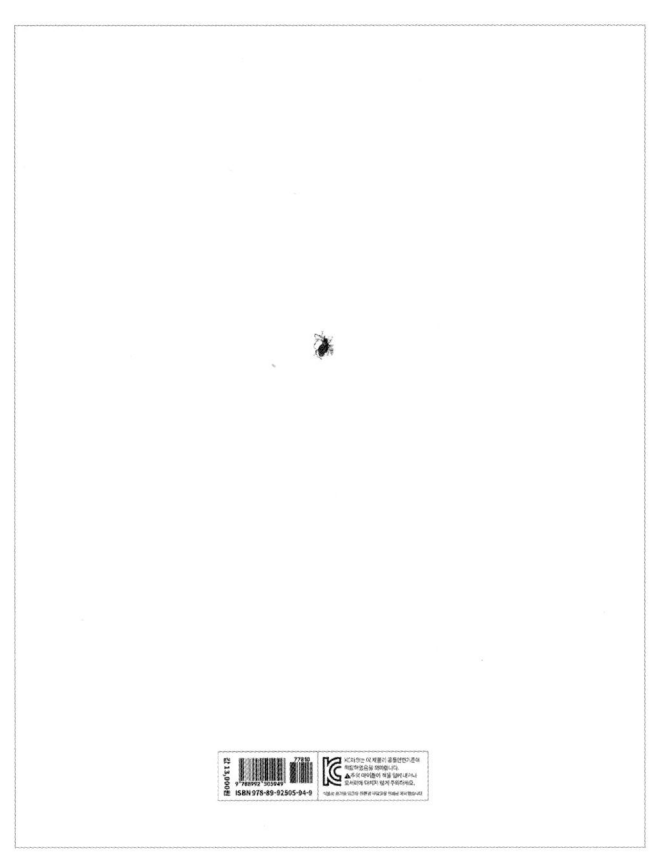

『모기 잡는 책』(진경 글, 그림 / 고래뱃속)
책에 눌린 모기가 정중앙에 그려져 있다. 깜짝 놀라 문지르지 말기

면지

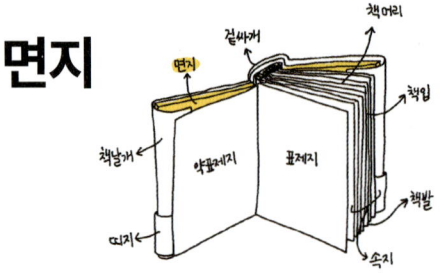

책 표지와 본문이 떨어지지 않게 이어 주는 면으로, 표지와 본문을 튼튼하게 붙여 주는 역할을 한다. 예전에는 단색이나 같은 그림으로 나오는 일이 많았지만, 요즘은 단색이라도 특별한 의미를 뜻하는 색을 넣거나 책 속 내용을 요약하는 힌트, 서사의 복선 등을 담기도 한다. 최근에는 앞 면지에서 이야기를 시작, 마지막 면지에서 여운을 남기는 책들이 대부분이라 절대 놓쳐서는 안 된다. 서사의 시작을 열거나 마무리하는 면지가 워낙 많고, 색의 변화로 인물의 심리가 바뀜을 알리는 면지도 많기에 이 지면에서는 아이들이 좋아하는 지도가 면지에 그려진 책 세 권을 소개한다.

간절한 바람을 담은 면지

바다로 가고 싶은 인어의 이야기, 『파리의 작은 인어』의 앞뒤 면지는 모두 똑같은 파리의 지도이다. 앞 면지는 파리의 평범한 지도이지만, 뒤 면지의 지도에는 "바다 따위 가지 말고 편하게 여기 있어라."라는 주위의 만류에도 불구하고 끝까지 자신의 꿈을 찾아 떠난 인어의 여정이 담겨 있다. 인어가 다닌 곳은 하나같이 파리의 명소들이다. 왜 하필이면 그 장소일까? 그 장소와 인어의 상황이 어떻게 연결되어 있는지 파리 명소에 대한 설명 글도 친절하게 실려 있다(원서에는 없다). 자, 이 책의 면지를 가이드북 삼아 파리 여행을 떠나 보자.

한 발짝 한 발짝, 함께 내딛어요!

박재연(옮긴이, 아주대학교 문화콘텐츠학과 교수)

『파리의 작은 인어』의 또 다른 주인공! 바로 꿈과 낭만의 도시, 파리입니다. 책 속의 장소는 모두 파리의 명소들이랍니다.

❶ 콩코드 광장(Place de la Concorde)
콩코드 광장에는 '바다의 분수(Fontaine des Mers)'와 '강의 분수'가 마주 보고 있어요. '바다의 분수' 1층에는 대양, 지중해, 물고기와 산호초, 진주와 조가비를 상징하는 바다 정령들과 님프들이 자리 잡고 있고, 2층에는 항해술, 무역, 천문학을 상징하는 어린 천사들이 백조들과 함께 서 있지요.

❷ 튈르리 정원(Jardin des Tuileries)
콩코드 광장과 루브르 박물관 사이에 있는 튈르리 정원에는 아주 많은 조각상들이 있답니다. 작은 인어가 만난 조각상은 거침없는 기세로 알프스 산맥을 넘어 로마로 진군한 카르타고의 한니발 장군이에요. 실제 한니발 장군이었다면 작은 인어의 모험을 응원해 주지 않았을까요?

❸ 스트라빈스키 분수(Fontaine Stravinsky)
알록달록한 인어 조각상이 있던 곳은 퐁피두센터 옆, 스트라빈스키 분수입니다. 러시아 작곡가 스트라빈스키의 발레곡을 주제로 조각가 팅겔리와 니키 드 생팔이 함께 만들었지요. 평생 딱 한 번 아름다운 노래를 부르고는 제 몸을 태운 재 속에서 부활해 날아오르는 〈불새〉 조각상이 보이시나요? 아마 인어는 불새를 보고 힘을 냈을 거예요.

❹ 퐁 오 샹주(Pont au Change)
지친 작은 인어는 센 강변에 꾸며진 가짜 해변, '파리 플라주(Paris Plage)'를 진짜 바다라고 믿고 싶었을지도 몰라요. 뒤에 보이는 돌다리 퐁 오 샹주의 'N'은 다리를 만든 나폴레옹 3세의 이니셜입니다. 지금까지 살던 대로 살라는 기성세대의 권위를 상징하는 것 같지 않나요?

❺ 퓌르스탕베르 광장(Place Furstenberg)
바다로 갈 수 없을 것 같다는 생각에 인어는 울음을 터뜨립니다. 하지만 그 순간 마법처럼 들려온 바이올린 선율에 맞춰 인어는 노래를 부르지요. 이곳, 퓌르스탕베르 광장은 화가 들라크루아를 비롯한 많은 예술가들이 사랑한 장소예요. 광장을 지나다니던 수많은 예술가들도 영혼을 이끄는 노래의 힘을 믿고 자기만의 길을 한 발짝 한 발짝 걸어갔습니다.

『파리의 작은 인어』(루시아노 로사노 글, 그림 / 블루밍제이)

앞 면지

뒤 면지

아직 내가 모르는 세상을 담은 면지

『곰이 강을 따라갔을 때』는 2020 칼데콧 명예상을 받은 책이자 인생이라는 강을 따라가며 생기는 여러 관계를 표현한 책이기도 하다. 물론 아이들은 재미난 동물들의 우당탕 소동에 즐거워한다. 앞 면지에는 흑백 세상 속 구불구불 흘러가는 강물을 바라보는 곰이 있다. 굴에서 머리만 빼꼼히 내민 채 강을 바라보던 앞 면지의 곰은 표제지에도 등장해 내지까지 자연스레 이어진다. 뒤 면지에는 강을 따라 흘러갔던 곰의 세상이 화려한 색으로 가득 채워졌다. 곰은 한 발 내디뎠을 뿐인데 그의 세상은 완벽히 달라졌다. 이 책의 독자 역시 작은 발걸음 하나, 사소한 선택으로 더욱 풍성해지는 삶이 되길 응원한다.

『곰이 강을 따라갔을 때』
(리처드 T. 모리스 글, 르웬 팜 그림 / 소원나무)

삐뚤빼뚤한 손그림 지도가 실린 면지

『두근두근 2424』는 입학을 앞두고 학교 가까운 아파트로 이사하는 주완이 가족 이야기다. 태어나 지금까지 한 번도 이사 없이 동네에서 가장 오래된 한진주택에서 살았던 아이가 첫 이사를 하며 겪는 슬픔과 떨림, 새집 적응까지 담겨 있다. 앞 면지에는 아이가 그린 듯한 삐뚤빼뚤한 동네 지도와 사는 집이 등장하고, 뒤 면지에는 아이의 새집과 옛집이 등장해 아이가 어떻게 한진주택 앞을 지나가는지 짐작할 수 있다.

『두근두근 2424』(진수경 글, 그림 / 봄개울)

가름끈

읽다가 잠시 표시하거나 필요한 곳을 찾기 위해 책 사이에 끼워진 끈이다. 보통 그림책에는 없지만, 가름끈이 있는 그림책은 필요 때문에 등장하는 법이다. 가름끈이 가름끈 그 이상의 존재로 빛나는 책을 소개한다.

조연에서 주연으로 전격 발탁

『리본』은 조연에 있던 가름끈이 주인공이 되었다. 이 책은 긴 설명이 필요 없다. 직접 책장을 넘기며 가름끈을 흔들었다가, 들었다, 휘어 보며 새로운 이야기를 만들어 보길 바란다. 작은 존재가 품고 있는 무한한 가능성에 감탄할 것이다.

『리본』(아드리앵 파를랑주 글, 그림 / 보림)

약표제지

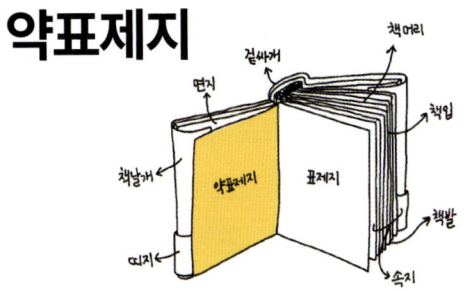

약표제지에 들어가는 서지 정보, 헌사

표지와 내지를 잇는 곳으로 약표제지에는 서지 정보, 출판사와 작가 소개가 있다. 표제지에는 책을 드러내는 느낌으로 제목과 작가 이름, 출판사가 간단하게 들어간다. 드라마로 치면 타이틀이 나타나며 시작하는 첫 장면과 같다. 겉싸개란 티켓을 내고 표지란 문을 열고 들어가 무대에서 아직 열리지 않은 막을 보는 셈이다. 약표제지에 들어가는 서지 정보 가운데 재미를 더한 책 몇 권을 소개한다.

서지 정보는 책의 형식이나 발행일, 일반적인 정보를 말한다. 한 권의 책을 만들기 위한 많은 이들의 마음을 볼 수 있는 곳이다. 『라키비움J 옐로』에도 실었던 『야호! 비다』 같은 경우 서지 정보 형태를 우산 모양으로 살렸다. 원서에는 없고 번역서에만 있는 형태로 편집자의 애정이 엿보인다. 『아모스 할아버지가 아픈 날』, 『아모스 할아버지가 버스를 놓친 날』 모두 부부 작가인지라 헌사를 서로에게 바치며 꼬리에 꼬리를 무는 원으로 등장한다. 하지만 번역서에는 헌사를 포함한 서지 정보를 앉아 있는 코끼리의 뒷모습 실루엣으로 만들어 재치를 더했다. 『어디서나 빛나는 댄디라이언』 역시 약표제지에 원서 그대로 민들레 위 서지 정보를 살렸다. 덕분에 책을 읽기 전 민들레의 밝은 기운을 이어 받아 내지로 초대받는다. 이런 섬세한 애정을 만나면 책을 읽기도 전에 깜짝 선물을 받은 것 같아 책에 대한 호감도가 확 올라가는 건 비단 필자뿐만이 아닐 거로 생각한다.

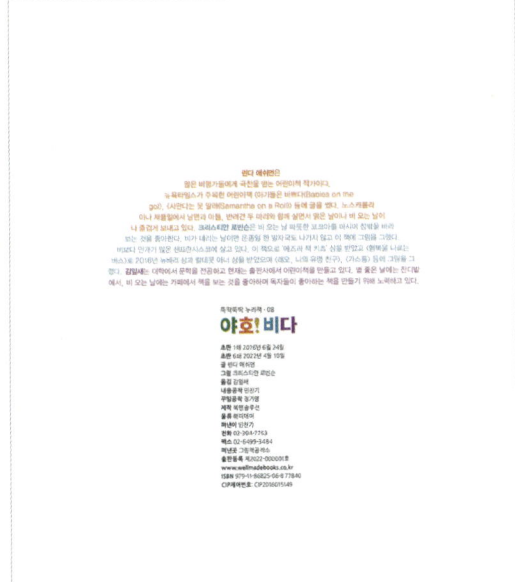

『야호! 비다』
(린다 애쉬먼 글, 크리스티안 로빈슨 그림 / 그림책공작소)

『아모스 할아버지가 버스를 놓친 날』
(필립 C. 스테드 글, 에린 E. 스테드 그림 / 주니어RHK)

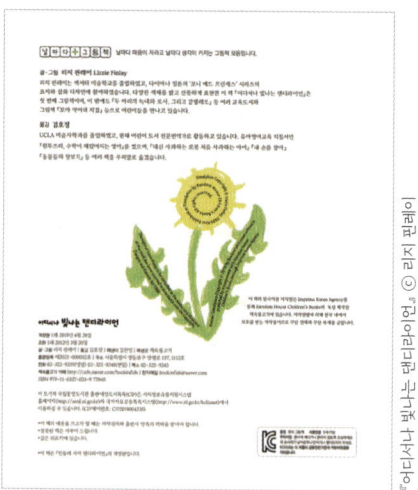
『어디서나 빛나는 댄디라이언』
(리지 핀레이 글, 그림 / 책속물고기)

표제지

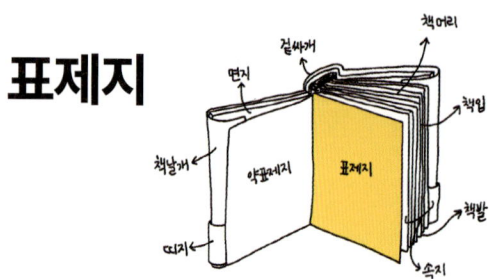

면지를 지나 속지까지 들어가기 전 무대의 막을 표제지라고 정의해 본다. 간단하게 책을 소개하는 느낌을 넘어 시작 전 강렬한 인상을 남기며 긴장감을 선사하거나, 영화의 인트로처럼 면지에서 표제지까지 여러 장의 속지를 넣어 드라마틱하게 쓰는 그림책도 있다.

『아빠를 빌려줘』는 면지에 분홍빛으로 물든 하늘을 지나 속지에서 강렬한 문장이 독자를 맞이한다. "아빠가 돌아가셨다. 아빠 없는 아이가 되었다. 나에게도 동생에게도 아빠는 없다." 그 옆은 배경이 삭제된 채 상복을 입은 남매 그림이 나온다. 표지에 등장한 목마를 태워 주던 아빠, 든든하고 자상한 아빠의 자리는 사라졌다. 다음 장을 넘기면 등장하는 표제지에는 남매와 아빠의 즐거운 한때를 담은 액자가 있다. 이야기에 본격적으로 들어가기 전에 상실의 감정을 안고 시작한다. 독자가 이 책을 언제 어디에서 펼쳤든 순식간에 책 속으로 빨려 들어오게 만드는 똑똑한 구성이다.

『아빠를 빌려줘』(허정윤 글, 조원희 그림 / 한솔수북)
속지(위)와 약표제지(아래 왼쪽), 표제지(아래 오른쪽)

『나는 지하철입니다』는 표제지를 이야기할 때 빠지지 않는 그림책이다. 새벽을 가르며 달리는 지하철이 등장하는 면지에서 표제지에 이르기까지 4장의 속지가 지하철의 독백으로 시작한다. 지하철역의 웅성거림, 덜커덩거리는 흔들림까지 떠오르는 지하철의 낮은 목소리는 짧은 애니메이션처럼 표제지까지 이어진다. 마음을 차분하게 가라앉히고 이야기에 몰입할 여유를 선사하는 구성이다. 표제지 양면 가득 펼쳐진 지하철 좌석에 독자를 앉히고 출발하는 이야기에 푹 빠져 보길 바란다. (사인회가 있다면 꼭 이 책을 들고 가길 추천한다. 표제지의 지하철 좌석에 독자를 그려 주는 작가의 정성 가득한 사인 덕에 독자도 책 속 인물이 되는 특별한 경험을 할 수 있다.)

자, 이제 당신은 겉싸개를 비롯한 책의 갑을 벗겨 내고, 표지를 앞뒤로 펼쳐 본 뒤 면지를 살피며 책장을 넘겼다. 약표제지와 표제지를 거쳐 드디어 책이 들려주는 세상을 만날 순서다. 그동안 제목과 작가 이름, 출판사만 보고 넘겼던 책들을 다시 다정한 시선으로 바라봐 주길 바란다. 이 기사를 통해 책 읽는 시간이 더욱 내밀해지길. 그림책을 쓰다듬으며 서지 정보에 적힌 만든 이들 이름을 한 번쯤은 소리 내 읽어 주길 욕심을 내본다. (그렇다. 이 잡지를 만든 이들도 찾아 주길!)

글_ 이시내, 그림_ 김리연

면지에서 표제지에 이르기까지 영화처럼 풍경을 보여 주는 속지

『나는 지하철입니다』(김효은 글, 그림 / 문학동네)

덜컹거리는 지하철 좌석에 앉아
그림책이 들려주는 이야기에 귀 기울여 본다.

볼로냐 아동도서전 라가치상 수상 작가
정진호 작가가 소리로 찾아낸 따뜻한 그리움!

"아이에게 달리기는 어떤 의미일까요?"

자신만의 호흡으로 달리는 아이가

심장 소리로 시간을 기억하는 아주 특별한 방법!

심장 소리

정진호 그림책

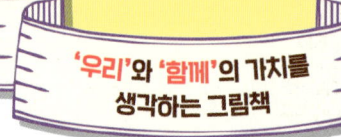

'우리'와 '함께'의 가치를 생각하는 그림책

상처를 마주한 아이들의
작지만 빛나는 선택!
구름보다 태양
마시 캠벨 글 | 코리나 루켄 그림
김세실 옮김

무심코 지나치는 작은 생명의
안녕을 빌어 주는 그림책
나 여기 있어요
원혜영 글 · 그림

작은 문제가 커지는 동안
우리가 놓친 작은 신호는 무엇일까?
도시에 물이 차올라요
마리아 몰리나 글 · 그림 | 김지은 옮김

위즈덤하우스 전화 02-2179-5600 홈페이지 www.wisdomhouse.co.kr

J 인터뷰: 『인어를 믿나요?』 작가 제시카 러브

당신은 지지받기 위해 태어난 사람

『인어를 믿나요?』(제시카 러브 글, 그림 / 웅진주니어)는
상복이 많다.
제시카 러브는 첫 그림책인 『인어를 믿나요?』로
2019 볼로냐 라가치 상 오페라 프리마 대상,
에즈라 잭 키츠 명예상,
스톤월 북 어워드 대상,
영국 클라우스 플러그 대상을 받고,
워터스톤 아동문학 상 최종 후보,
케이트 그리너웨이 상 최종 후보에 올랐다.
작가를 만나 보자.

볼로냐 라가치 상 매년 열리는 볼로냐 국제아동도서전에 출품된 전세계 어린이 도서 가운데 각 분야(픽션, 논픽션, 신인, 코믹스)의 최고 어린이 도서를 뽑아 수여하는 상이다. 오페라 프리마 상은 신인상에 해당되는 상으로 그림 작가의 첫 출판 작품을 대상으로 한다.
에즈라 잭 키츠 상 미국 에즈라 잭 키츠 재단에서 주는 상. 다문화적 성격을 잘 묘사한 책을 선정하여, 출간한 책이 3권 이내인 신인 글, 그림 작가에게 각각 수여한다.
스톤월 북 어워드 미국 도서관협회(ALA)의 성소수자 단체(GLBTRT)에서 주는 상으로 성소수자 경험과 관련된 매력적인 이야기에 수여한다. 아동 도서뿐 아니라 성인 도서(픽션, 논픽션)도 선정한다.
클라우스 플러그 상 영국에서 뛰어난 그림을 그린 신인 작가의 아동문학 작품에게 주는 상으로 2016년부터 수여하고 있다.
워터스톤 아동문학 상 영국에서 뛰어난 글을 쓴 신인 작가의 아동문학 작품에게 주는 상으로 2005년부터 주고 있다.
케이트 그리너웨이 상 영국 도서관협회에서 주는 상으로 그림이 뛰어난 아동문학 작품의 그림 작가에게 수여한다. 글이 뛰어난 작품의 글 작가에게는 카네기 상을 수여한다.

> "있는 그대로
> 사랑받는 이야기를
> 그리고 싶어요."

멋진 책이에요. 책 소개를 부탁합니다.

『인어를 믿나요?』는 할머니와 뉴욕에 살며 인어가 되고 싶은 남자 아이에 관한 책입니다. 존재 자체로 사랑받는다는 내용이지요.

어떻게 이 책을 만들게 되었나요?

어느 날 저녁, 책에 대한 아이디어가 꽤 완벽한 형태로 떠올랐어요. 당시 사귀던 남자의 형이 그즈음 성전환 수술을 했어요. 그동안 그가 무슨 생각을 하면서 어떻게 살았을지 그의 경험에 대해 생각해 보게 되었죠. 「루폴의 드랙¹⁾ 레이스 *RuPaul's Drag Race*」 프로그램(드랙의 패션 경연 서바이벌 쇼)도 즐겨 보았는데, 「파리 이즈 버닝 *Paris is Burning*」이라는 1980년대 드랙 댄스 경연 대회에 대한 다큐멘터리 영화를 보고 제 기존 생각이 완전히 흔들리게 되었어요. 세상이 자기를 보는 방법을 거부하고, 자기의 힘으로 우아하고 놀라운 세계를 만들어가는 어린 연기자들(대부분 검거나 갈색의 피부를 가졌어요)과 사랑에 빠지면서 그 영화를 보고 또 보았죠.

저는 '내가 누구인지, 내가 말하는 대로 보이고 사랑받는 것'이 내는 엄청난 효과에 관한 이야기를 하고 싶었어요.

아이들이 되고 싶은 것들은 참 다양하죠. 그중 줄리앙을 위해 '인어'를 선택한 이유는요?

저는 언제나 인어가 되고 싶었어요! 물에서 사는 건 엄청 자유로운 뭔가가 있거든요.

한국 독자들 중에는 이 그림책을 통해 코니 아일랜드 축제를 처음 알게 된 사람이 많아요. 코니 아일랜드 축제를 소재로 쓴 계기가 있나요?

저는 성전환을 한 아이들이나 아직 성별을 정하지 않은 아이들을 가진 부모들이 그들의 경험을 공유하려는 온라인 포럼들을 많이 읽고 있었어요. 거듭 인어 얘기가 반복되었죠. 인어가 왜 그런 것인지에 대한 많은 이론이 있지만 저는 그들이 우리 안에 있는 깊고 직관적인 것-옷이나 중력에 구속받지 않고 물속에서 움직이는 자아-에 호소한다고 생각합니다. 누

---

1) 드랙(drag): 여자가 남장을 하거나, 남자가 여장을 하는 행위를 크로스드레싱이라고 하는데, 드랙은 크로스드레싱의 한 종류이다. 공연 예술의 일환으로 하는 것을 드랙 쇼라고 한다.

가 인어가 되고 싶지 않겠어요? 그리고 코니 아일랜드 인어 축제는 그 자체로 경이로워요. 축제 날에 지하철을 타 보면, 그 열차는 인어들로 가득해요. 사람들은 이 우아하고 자연 그대로이며 놀라운 코스튬을 만드는 데 많은 시간을 들이죠. 뉴욕시 수천 명의 사람들이 모두 반쯤 벗은 채로 반짝이 의상을 입고 나타나 산책로를 따라 행진합니다. 그건 재밌고, 놀랍도록 다양하지요. 제가 뉴욕을 사랑하는 이유예요.

줄리앙은 중남미계입니다. 중남미는 남성다움의 대명사 마초 문화가 있을 정도로 남성성이 강한데, 일부러 선택한 것인가요?

『Julián is a Mermaid』 Illustrations ⓒ 2018 by Jessica Love

어떤 면에서는 그렇습니다. 남자아이들에게 강하고, 거칠고, 약해 보이면 안 되는 '남자다움'을 강요하는 압박이 있는 것처럼 보여요. 그러한 태도가 남자아이들이나 여자아이들에게 건강하다고 생각하지 않습니다. 사람들은 진정 그들 존재 자체로 보여지고, 다른 사람들과 연결되어 있다고 느끼려면 유연해져야 합니다. 또 라틴계 문화에는 매우 풍부한 모계 유산이 있어요. 포용, 사랑 및 치유를 위한 여성 에너지는 제가 집중하고 싶은 이야기입니다.

당신은 할머니에게 헌사를 보냈습니다. 할머니가 줄리앙 할머니의 모델인가요?

할머니와 저는 무척 가까운 사이였어요. 슬프게도 할머니가 이 책이 출간되기 직전에 돌아가셨죠.
저희 할머니가 줄리앙 할머니의 모델이냐고요? 아니요. 줄리앙의 할머니는 누구를 모델로 한 것이 아니라 줄리앙 할머니, 그녀 자신일 뿐입니다.

최근 여러 그림책에 다양한 가족 형태가 나오고 있어요. 책에는 할머니와 줄리앙 두 사람만 등장합니다. 줄리앙 역시 당신이 애정하는 『엘로이즈』(케이 톰슨 글, 힐러리 나이트 그림 / 예꿈)처럼 부모님이 바쁜 가족인가요?

아주 좋은 질문입니다! 하지만 제가 책 속에 직접적으로 다루지 않은 질문에는 대답하지 않으려고 해요. 독자들의 몫으로 남겨 놓고 싶어요!

흰 종이가 아니라 갈색 종이를 사용하게 된 특별한 이유가 있을까요?

처음에는 하얀 수채용 종이를 사용했어요. 저는 화가가 아니었기 때문에 종이, 색감, 재료 등에 대한 경험이 별로 없었어요. 그런데 아빠가 제 그림 이미지 스캔을 보고 할머니 그림 중 일부가 잘 보이지 않는다고 지적하셨어요. 아빠 말씀이 맞았어요. 할머니의 피부는 어두운 톤인데 이야기에 사용된 컬러들은 연분홍과 연초록 등 매우 밝은 톤이고, 흰 종이는 그 자체로 가장 밝은 색이다 보니 색깔이 잘 먹지 않더라구요. 빛을 튕겨 내는 거죠.
제가 줄리어드에서 드라마를 공부할 때, 같이 공부했던

흰색 종이에 그린 초기 그림. 갈색 종이에 그림을 그려 넣어 색이 날아가는 문제를 해결했다.(그림 제공 제시카 러브)

흑인 배우는 종종 엔터테인먼트 업계에서 검거나 갈색 피부의 배우가 조명 때문에 생기는 문제 얘기를 했어요. 하얀 피부를 비추는 반사 장비를 어두운 피부에 똑같이 사용할 수 없다는 거죠. 백인 피부를 진주빛으로 하이라이트 해 주는 효과를 내려면 은색 반사판을 사용하고, 갈색 피부인 사람들은 금색 반사판을 사용해야 피부에 금빛 하이라이트를 해 줄 수 있는데, 문제는 업계 표준이 하얀 피부에 맞춰져 있는 거죠. 어느 사진작가가 그동안 백인 사진만 찍어 왔다면, 그 작가는 어두운 피부 톤의 배우에게도 은색 반사판을 사용할 것이고, 그러면 배우가 회색으로 보이는 원인이 됩니다. 나이 든 배우가 젊은 배우에게 "작가가 금색 반사판을 사용하고 있는지 확인해, 그렇지 않으면 너는 사진에서 시체처럼 보일 거야!"라고 경고할 정도로 자주 일어났어요. 제가 이 연결 고리를 찾아낸 후, 갈색 종이에 그리자 색깔이 하얗게 날아가는 문제가 사라졌어요. 모든 이야기가 제자리에 딱 들어맞았어요.

사람들의 움직임을 그리는 선, 바디 라인을 이루는 선이 굉장히 우아하고 아름답습니다. 특히 할머니의 라인이 인상적이었어요. 우스꽝스럽지 않고 사실적이면서도 아름다웠습니다. 특별히 신경 쓴 부분인가요?

그렇게 말씀해 주셔서 감사합니다! 네, 사람들을 제대로 그리는 것이 제게는 아주 중요한 부분입니다. 저는 사람들을 그리는 걸 정말 좋아해요. 사람들의 얼굴이나 몸이 그들이 무엇을 느끼고 그들이 누구인지에 대해 많은 것을 보여 준다고 생각해요. 하지만 우리는 살아 있는 우리 몸을 즐기는 대신, 내 몸이 다르기를 바라면서 우리 몸을 싫어하는 데 많은 시간을 보냅니다. 저는 제 책에서 다양한 형태의 사람 몸이 그 자체로 아름답다고 말하고 싶었

한국의 독자들을 위해 직접 찍어 보내 준
제시카 러브의 작업실 풍경.
줄리앙의 새로운 이야기가 벽면에 빼곡히 붙어 있다.

어요. 전 뚱뚱한 몸이 날씬한 몸만큼 사랑스럽다고 생각하지만, 뚱뚱한 사람들이 아름답고 당당한 것으로 묘사되는 것을 거의 볼 수 없죠. 전 그렇게 하고 싶었어요.

길에서 소방용수로 물장난하는 여자아이들 장면에 어떤 의미가 있을까요? 지하철에서 만난 인어들과 비슷하게 생겼어요.

알아보셨네요? 책 전반에 일종의 코러스처럼 여자아이들 세 명에 대한 영감이 반복되어 있어요. 그 세 여자아이들은 저의 오랜 이웃이었던 세 아이들에게서 영감을 얻었어요. 그 애들은 동네를 마구 뛰어다녔는데 마치 온 동네가 모두 제 것인 양 행동했죠. 저는 그 아이들이 뽐내며 돌아다니는 것을 보는 걸 아주 좋아했고, 그들의 즐거움과 자신감을 담아내고 싶었어요.

앞 면지와 뒤 면지만으로도 하나의 완벽하고 아름다운 스토리입니다. 면지에 담고 싶은 마음은 무엇이었나요?

그건 아트 디렉터인 앤 스톳 Anne Stott의 아이디어였어요! 그녀는 줄리앙과 할머니가 열차를 타고 있을 때 그들이 어디에서 왔는지 영감을 주고 싶어 했어요. 그래서 저는 그들이 할머니의 아쿠아로빅 수업에서 돌아오는 길이라고 상상을 했고요. 저는 앞 면지는 우리가 외부에서 그걸 보는 듯한 장면을 보여 주고, 뒤 면지는 줄리앙의 눈을 통해 모두가 인어인 세계를 보는 것이라 생각했습니다.

한국에서 이 책의 제목은 『인어를 믿나요?』랍니다.

오, 흥미로운데요. 몰랐어요! 열린 결말 같아서 좋은데요. 그리고 독자들의 참여를 유도하잖아요. 그런데, "줄리앙은 인어입니다.(Julián IS a Mermaid)"와 같은 선언적인 문구의 힘은 좀 잃어버린 것 같네요. 줄리앙은 자신이 누구인지를 세상에 말하고 있고, 이 이야기는 바로 그에 대한 이야기니까요.

배우라는 직업이 그림책을 쓸 때 영향을 주나요?

물론이죠. 저는 배우가 하는 방법으로 스토리텔링을 생각합니다. 캐릭터를 구축해 가는 것이 흥미로워요. 예를 들면 이런 거죠. '어떻게 서 있지? 뭘 입을까? 뭐가 두려울까? 뭘 사랑할까?' 그리고 캐릭터 간에 일어나는 일들과 그들이 서로를 어떻게 바라보고, 변화시키는지도 관심이 많답니다.

이 책에서 가장 좋아하는 장면은요?

제가 그리면서 좋았던 부분은 줄리앙이 인어로 변신하는 부분이에요. 물속과 할머니의 집, 두 장면 모두요. 가구나 건물 같은 걸 그리는 것을 별로 좋아하지 않아요. 그냥 사람과 감정을 그리고 싶고요. 그래서 이 장면들은 제가 본질에 초점을 맞출 수 있게 해 주었어요.

인스타그램에 보니 도예 작업하는 사진도 종종 보여요. 휴식 시간은 어떻게 보내나요?

도예가인 아버지와 함께 그 작품들을 만들었어요! 저는 자연으로 들어가는 것을 정말 좋아해요. 숲을 걷고, 나무, 식물, 자라는 생명체에 가까이 있는 것을 좋아합니다. 그곳이 바로 제가 가장 행복하고 가장 평온한 곳이랍니다.

그림책을 만들 때, 어떤 점이 가장 흥미로웠고, 어떤 점이 힘들었나요?

가장 신나는 일은 저도 가 본 적이 없는 나라들을 이 책이 지금 여행하고 있다는 것이죠. 그건 시공간을 초월해 사람들을 연결하고 그들과 함께 사적인 비전을 공유하는 방법입니다. 그 부분이 아주 놀랍죠. 가장 어려운 부분은 역시 책을 출판하는 일입니다!

창의력은 어떻게 키워진 것 같은가요? 어릴 때부터 기발한 아이디어가 많았나요?

전 언제나 창의적이었어요. 저의 부모님은 작업실에서 일하는 동안 제게 그림을 그리라고 엄청 큰 크래프트 종이를 내어 주셨어요. 그러면 저는 몇 시간이고 바빠졌죠. 다른 건 아무것도 할 수 없을 정도로 그림 그리는 데 몰두하곤 했어요.
저는 창의성은 절대적으로 길러진다고 생각해요! 많은 사람들이 창의성에 상처를 가지고 있어요. 창의적이지 '못'하다는 말을 들은 기억들 말이에요. 정말 터무니없는 거죠. 창의성은 지문과 같은 거예요. 모든 사람이 가지고 있는 것이고 모두가 다르죠. 다만 정해진 방식으로 보아야 한다는 생각에서 벗어나 그걸 즐기도록 내버려 두는가의 문제일 뿐입니다. 그리고 표현 과정에 초점을 맞추는 것이 좋다고 생각해요. 그래서 앉아서 '무얼 그릴까?' 생각하는 것보다 '이 펜으로 이 페이지에 어떤 표시를 해 볼까? 좀 더 가볍게 눌러 보면 어떨까? 내가 펜을 비스듬히 돌리면 어떻게 될까?' 하고 물어보는 것이 더 낫습니다. 어떤 재료를 쓸 것이며, 그 재료가 어떻게 활용되는지, 그중 어떤 게 마음에 드는지를 찾아보세요. 나만의 기쁨을 찾다 보면 길이 보일 거예요.

넷플릭스 스타일인가요? 극장 가는 스타일인가요?

넷플릭스요! 극장에서 잠옷을 입을 수는 없잖아요.

'줄리앙은 인어입니다', '제시카는 _____.'?

물론 인어죠! Mermaid!

다음 책에 대해 살짝 알려 줄 수 있나요?

방금 마지막 그림 작업을 모두 보냈고요, 줄리앙과 그의 할머니에 대한 책입니다. 『결혼식에 간 훌리안』(제시카 러브 글, 그림 / 보물창고)은 브루클린의 선셋 파크에서 열리는 퀴어 결혼식 이야기예요. 어른들의 축하연에 간 어린아이의 설렘, 모두가 옷을 차려입고 평소와 다르게 행동하는 것을 보는 짜릿함에 대한 이야기예요.

한국의 독자들에게 하고 싶은 이야기가 있다면?

한국에 가고 싶어요! (I want to come to Korea!)

글_ 김미선

J 그림책 속 인어 변천사

누가 인어공주에게 돌을 던지는가?

2019년 디즈니사가 「인어공주」 실사 영화 주인공에 흑인 여가수를 캐스팅하자 원작 에리얼 공주 이미지와 어울리지 않는다는 논란이 일었다. 디즈니사 측은 "인어공주는 작가 안데르센의 상상의 산물이기 때문에 피부색, 인종의 제한이 없다. 캐릭터에 어울리는 노래 실력과 열정이 더 중요하다."고 입장을 밝혔다.

「인어공주」(H. C. 안데르센 글, 참스 산트레 그림 / 어린이작가정신)

흑인은 원작 인어공주 이미지와 어울리지 않는다고? 설마 애니메이션 속의 에리얼이 원래 인어공주라고 생각하는가? '왕자와 행복하게 잘 살았습니다'라고 끝나는 인어공주 말고 물거품으로 사라진, 아니 '공기의 정령'이 된 안데르센의 진짜 『인어공주』 이야기에서부터 그림책 세상 속 다양한 인어공주를 새롭게 만나 보자.

이상을 추구하며 자기 인생을 선택한 인어공주

1837년에 발표된 안데르센의 『인어공주』(H. C. 안데르센 글, 찰스 산토레 그림 / 어린이작가정신)는 현대 여성주의 관점에서 결혼이란 가부장적 체제 안에 들어가기 위해 목소리로 상징되는 자기 발언권을 포기하고 다리를 선택함으로써 자기 정체성을 포기했다고 비난받아 왔다. 인어공주는 정말 남자를 위해 모든 것을 포기한 존재일까?

인어공주는 왕자를 만나기 전부터 할머니가 들려주는 인간 세상 이야기에 푹 빠져 인간 조각상을 구해 정원을 꾸미는 등 인간 세계를 계속 동경해 왔다. 인어공주는 삼백 년이란 길지만 유한한 삶을 사는 인어의 삶에 만족하지 못하고 죽어서도 소멸되지 않는 불멸의 영혼을 가진 인간에게 매료된다. 열다섯 생일날 왕자를 구하고 사랑하게 되자 그 열망이 더 깊어진다.

"우리는 왜 죽지 않는 영혼을 가질 수 없나요? 단 하루라도 인간이 되어서 하늘나라, 별들 너머의 찬란한 곳으로 갈 수 있다면 내 목숨을 바쳐도 좋아요."

할머니와의 대화에서 인어공주는 자기 결정권을 확 드러낸다. 불멸의 영혼을 갖는 방법을 알자마자 바로 행동에 옮기는 과감성도 보인다. 마녀와 계약하며 자신의 매력인 목소리를 내놓는 조건에 불안해하고 앞으로 겪게 될 육체적 고통과 실패할 때 물거품이 될 위험에 공포를 느끼지만 인간이 되겠다 결심한다. 왕자의 결혼식

날 밤, 인어공주는 물거품이 되는 자기희생으로 왕자의 사랑을 지켜 주었고 또 다른 의미로 자신의 사랑을 완성한다. 이 선택으로 인어공주는 공기의 정령이 되어 삼백 년간 선행을 쌓아 영원불멸의 영혼을 갖게 될 기회를 다시 가지게 된다.

겉으로 보이는 인어공주는 사랑을 위해 모든 것을 희생하고 참는 '정형화된 여성성'이 극대화된 캐릭터이다. 하지만 인어공주의 내면을 들여다보면 이상을 실현하기 위해 노력하고 주저함 없는 과감한 선택과 용기 있는 도전을 하며 내면의 성장을 이뤄 가는 캐릭터이다.

그런데 '인어공주'는 왜 그리도 영원불멸의 영혼을 갈망할까? 16세기 연금술사인 파라셀수스가 주창한 '4대 정령설'에서 정령은 긴 수명을 누리는 대신 영혼이 없기에 천국에서 영생을 누리는 인간의 영혼을 갈망한다. 정령이 인간과 결혼으로 영혼을 얻는다는 설정은 후대 많은 예술가에게 영감을 주었다. 푸케의 『운디네』에서 물의 정령은 인간과 결혼하지만 배신당해 영혼을 잃는다. 안데르센의 『인어공주』(1837년 작)는 푸케의 『운디네』(1811년 작)에서 영감을 받았지만, 사랑에 실패한 작가의 경험을 담아 결말 부분에서 한 걸음 더 나간다. 그래서 불완전한 인간의 사랑에만 의존하지 않고 직접 자신의 선한 행동으로 불멸의 영혼을 얻는 방법을 택한 것이다.

사랑에 죽고 못 사는 천방지축, 사고뭉치 소녀로 왜곡된 인어공주

「*The Little Mermaid*」 ⓒ 1989 by Walt Disney Pictures

1989년 월트 디즈니사의 애니메이션 영화 「인어공주」에서는 물 밖 세상을 갈망하고 자유를 꿈꾸는 천진난만한 소녀, 에리얼이 등장한다. 바닷속 왕국의 인어공주이지만 캐릭터 이름(Ariel, 공기의 정령이란 의미)부터 자신의 정체성을 드러내고 있다. 영화 앞부분에서 자신의 수집품을 자랑하며 부르는 노래 「*Part of your world*」의 가사 'Wandering free, Wish I could be part of that world'(저 세상의 일부가 되어 자유롭게 걷고 싶어)와 'I want more'(나는 그 이상을 원해)는 인간 세계와 자유로움에 대한 그녀의 욕망을 보여 준다. 그래서 '현재의 행복(바닷속 삶)에 충실하라'는 바닷가재 세바스찬의 노래 「*Under the sea*」는 그녀에게 설득력을 갖지 못했다. 하지만 에릭 왕자를 만나자 세상과 자유를 향한 갈망은 사라지고 에리얼의 캐릭터는 활기를 잃어버린다. 같은 노래를 다시 부르면서도 에리얼의 세계는 에릭 왕자의 사랑만을 갈망하며 'part of that world'에서 'part of your world'로 좁혀져 버린다. 원작 내용과 같은 것은 마녀와의 계약에서 다리를 얻기 위해 목소리를 내놓는 설정뿐. 치열한 고민도, 심지어 아름다운 다리를 얻는 대가로 치루는 육체적 고통도 따라오지 않는다. 말이 없고 생각이 깊었던 안데르센 원작의 인어공주는 사라지고 서양의 빨강 머리에 대한 편견을 반영하듯 에리얼 공주는 천방지축 사고뭉치로 그려진다.

보통 영화 주인공들은 고난과 위기 속에서 고민하며 해결하는 과정에서 성장하고 자신의 길을 찾아간다. 하지만 디즈니의「인어공주」에서는 모든 사고의 뒷수습은 남자들의 몫이고 그 과정에서 남자들만 성장한다. 가부장제, 권위주의의 본보기이던 아버지 트리톤 왕은 바다 마녀로부터 딸을 지키기 위해 왕관을 포기하는 자기희생을 하며 결국엔 인간이 되겠다는 에리얼의 선택을 존중한다. 공주의 바다 친구들 역시 자신의 틀을 깨고 성장한다. 유약해 보이던 에릭 왕자는 마녀와 맞서며 진정한 왕좌의 주인임을 증명해 보인다. 영웅에게 승리의 트로피를 선사하듯 영화의 마지막은 에리얼과 왕자의 성대한 결혼식으로 마무리된다. 하지만 외적인 외모로 다가서 사랑을 얻고자 하던 에리얼은 위기의 순간에서도 친구들의 도움에만 의지한다. 그토록 원하던 인간의 삶(다리)조차 아버지의 선물로 얻게 되는 수동적이고 평면적인 캐릭터의 여성으로 표현된다. 하지만 당시 사람들은 에리얼의 사랑스런 이미지와 뮤지컬 같은 노래, 화려한 영상에 환호했고 이는「인어공주」의 소극적이고 수동적인 캐릭터를 통해 여성상에 대한 편견을 강화시켰다.

10대의 자기 성장기, 내 삶은 내가 결정한다는 인어공주

2017년 그래픽 노블『인어 소녀』(도나 조 나폴리 글, 데이비드 위즈너 그림 / 보물창고)는 현시대 청소년 상을 반영하는 새로운 인어공주를 보여 준다. 디즈니사의「인어공주」의 청소년 패러디물이라고 할까. 바닷가 수족관 오션 원더스에는 관객들과 숨바꼭질 게임을 하는 이름 없는 10대 인어 소녀가 산다. 수족관 운영자 넵튠 아저씨는 보호라는 명목으로 소녀에게 바깥세상에 대한 두려움을 지속적으로 주입하고 인어에 대한 거짓 이야기로 통제하며 돈벌이에 이용할 뿐이다. 청소년기는 세상과 부딪쳐 혼란과 성장통을 겪으며 자아 정체성을 찾는, 홀로서기를 배우는 시기이다. 어른들의 이야기는 생명력을 잃은 옛이야기나 자신을 통제하려는 잔소리로 치부하고 또래 친구들에게 가장 많은 영향을 받는 현대의 청소년 모습을 반영한 것일까. 구경거리로 사는 삶에 불만도, 의문도 없이 살아오던 인어 소녀는 처음

맞닿은 손의 따스한 온기와 "우리 친구가 될 수 있을까?"라는 말은 마법의 주문처럼
인어 소녀를 일깨운다. 마치 미켈란젤로의 「천지창조」순간처럼.
『인어 소녀』(도나 조 나폴리 글, 데이비드 위즈너 그림 / 보물창고)

으로 자신을 인격체로 대해 주고 관심을 보인 또래 소녀와의 만남을 통해 자신이 거짓된 삶 속에 갇혀 살았음을 깨닫는다. 10대 인간 소녀 리비아는 인어 소녀에게 미라라는 이름을 지어 주고 생생한 세상 이야기를 들려준다. 인어 소녀는 보호자의 감시와 굴레에 갇혀 사는 리비아의 처지에 대해 동질감을 느낀다. 리비아와 친구가 되기 위해, 수족관 바깥의 인간 세상에 대한 궁금증을 풀기 위해 인어 소녀는 스스로 목소리를 내는 방법을 찾고 꼬리 속 숨겨진 다리를 발견한다. 바깥세상 나들이에서 바다와 소통하는 인어의 능력을 깨닫지만 평범한 인간 소녀가 되고픈 인어 소녀에게 바다가 주는 능력은 벗어나고픈 또 다른 굴레일 뿐이다. 디즈니 영화 모티브에서 변하지 않는 것은 바다 마녀였던 문어의 거대화되는 능력뿐. 문어는 그녀의 든든한 보호자이자 조력자로 끝까지 자리를 지킨다. 인어 소녀는 자신을 가두었던 오션 원더스 건물을 파괴하며 수조에 함께 갇혀 살던 친구들의 자유까지 찾아 주고 온전히 자신이 선택한 인간으로서 두 번째 삶을 찾아 씩씩하게 나선다.

『인어를 믿나요?』(제시카 러브 글, 그림 / 웅진주니어, 2019)에는 『인어공주』 책과 수영을 좋아하는 중남미계 소년 줄리앙이 등장한다. 줄리앙은 지하철에서 분장을 한 아름다운 인어들을 보고 자기도 인어가 되어 자유로이 헤엄을 치는 꿈을 꾼다. 진짜 인어가 되고픈 줄리앙은 집에서 화장도 하고 커튼을 뜯어 인어 드레스도 만들어 입고 신났지만 할머니의 외마디 비명에 얼어붙고 만다. 할머니는 손자의 과한 장난에 화가 난 걸까? 중남미 남성 중심의 마초 문화('마초'는 스페인어로 남자라는 뜻)에 위배되는 손자의 모습에 대한 반감일까? 잔뜩 주눅 든 줄리앙을 보노라면 '내가 양육자라면, 여장한 아들을 보고 어떻게 할까?' 자문하게 된다. 할머니는 줄리앙에게 목걸이 선물과 함께 아주 특별한 외출을 선사한다!

인어를 사랑한 소년, 인어공주가 되다

『Julián is a Mermaid』 Illustrations
© 2018 by Jessica Love

『인어를 믿나요?』의 원서 『Julián is a Mermaid』는 소수자 경험과 관련된 책에 수여되는 스톤월 북 어워드 대상을 수상했다. '인어'로 통칭되는 한국어 표현과 달리 영어는 인어를 Merman(남성형 인어), Mermaid(여성형 인어)로 구분한다. 그러니 작가는 『Julián is a Mermaid』, 즉 중남미계 소년 줄리앙은 여자 인어라는 명료한 표현으로 주인공의 성 정체성을 선언하고 있다. 원서 책날개에 있는 그림도 의미심장하다. 거울 앞에 줄리앙이 서 있는데 거울 속에는 긴 머리 소녀가 비친다. 그림책은 번역될 때, 출간되는 나라의 언어, 사회 문화적 분위기를 반영하여 책 제목, 본문, 그림이 조금씩 달라지기도 한다. 한국에서는 『인어를 믿나요?』란 시적이고 아름다운 제목으로 번역되었다. 의문형의 제목으로 줄리앙의 인어공주 차림새를 유년기 어린이의 환상과 천진함의 표현으로 바라볼지, 성 정체성에 대한 자기주장으로 해석할 것인지 독자에게 선택의 공을 넘긴 셈이다. 하지만 존재 그 자체만으로도 어린이에게 무조건적인 지지를 보낸다는 작가의 창작 의도와 지지와 연대의 메시지는 여전히 강렬하다. 줄리앙은 지하철에서 인어가 되어 커다란 물고기에게 목걸이를 선물받는 꿈을 꾼다. 그 물고기는 할머니의 옷과 똑같은 색과 무늬를 가졌다! 할머니에게 목걸이를 선물받는 것보다 이 꿈을 먼저 꾼다. 일상에서 경험해 온 할머니의 지지와 응원에 대한 믿음이 무의식으로 드러난 것이다. 목소리를 빼앗기고 인간이 되어 홀로 육지로 떠났던 인어공주와 달리 세상 밖으로 나서는 꼬마 인어 줄리앙의 곁엔 할머니가 있다. 할머니의 인도로 밖으로 나선 줄리앙은 제각각의 개성과 모양새의 존재가 모여든 퍼레이드 속에서 인어들과 함께 걸으며 더욱 당당하고, 웃음은 빛이 난다.

바다를 찾아 떠난 인어, 노래를 되찾다

2022년 『파리의 작은 인어』는 돌로 된 작은 인어 조각상이 바다를 찾아 떠나는 여정을 통해 자신에 대한 성찰과 꿈을 향한 도전을 보여 준다. 파리 콩코드 광장의 '바다의 분수' 제일 높은 곳에는 작은 인어가 산다. 멋진 파리 풍경을 볼 수 있는 인어를 다들 부러워하지만 정작 인어는 청동 분수에 유일한 돌 조각인 자기 자리가 어색하고 이야기로만 들어 왔던 진짜 바다에 가 볼 수백 년 동안 꿈꿔 왔다. 바다를 향한 강한 욕망은 사실 '진짜 내가 누구인가' 묻는 인어의 물음이기도 하다. 누군가의 소원을 대신 빌어 두 다리가 생긴 단 하루, 작은 인어는 파리 시내를 걸어 바다로 모험을 시작한다. '육지의 인어가 바다에 가길 원한다'라는 당연해 보이는 소원이지만 가는 곳마다 꼬마 소녀의 외양 속에 감춰진 인어를 알아보는 이는 없다. "꼬마야, 길은 멀고 험하단다!", "그냥 여기 우리랑 같이 있자"라는 걱정과 만류만 할 뿐이다. 작은 인어가 겪는 일은 꿈의 씨앗들이 밟히는 부정적인 일상의 경험과 겹쳐 기시감마저 든다. 하지만 인어의 여정엔 아이러니가 숨겨져 있다. 인어의 모험을 말리는 이들이 머무는 편안하고 안전한 그곳은 모두 이야기를 간직한 파리의 명소들이다. 절대 왕정에 저항해 피의 대가를 치루고서 화합을 이루기 위해 만든 콩코드 광장, 튈르리 정원의 많은 조각상 중에 다들 불가능하다고 말리던 알프스를 넘어 로마 제국을 공격한 카르타고의 한니발 장군 조각상, 전시 공간 본연의 기능에 충실하고자 화려한 외관 장식과 껍데기를 벗고 기능을 수행하는 배관도 그대로 드러낸 파격적인 시도를 한 퐁피두 센터 앞의 분수대까지 하나같이 기존의 관행과 질서에 안주하지 않고 치열하게 투쟁하고 고민해 만들어 낸 도전과 시도의 결과물이다. 과거의 투쟁과 자신의 본질을 잊어버리고 현재의 질서와 안락함에 길들여진 기성세대의 모습 같아서 씁쓸한 웃음마저 짓게 한다.

결국 소득 없이 헤매기만 한 길에 피로와 절망이 쌓인 작은 인어는 울음을 터트리고 만다. 현실의 장벽과 꿈의 간절함이 양극단에 이르러 한계에 다다른 순간, 꿈꾸는 존재는 자신의 밑바닥을 보게 되고 전진과 포기, 선택의 기로에 서게 된다. 그 순간 음악의 여신 뮤즈의 선물일까, 들려온 음악 소리에 인어 안에 봉인되어 있던 세이렌의 마법 능력이 깨어난다. 아름다운 노래에 홀린 수많은 선원들이 목숨을 잃어 '치명적 여인'(Femme fatale)으로만 호도되는 세이렌은 본래 그리스 신화에서 노래 안에 지혜와 삶의 지식을 담아 듣는 이에게 전달해 주는 존재이기도 했다. 인어의 아름다운 노래에 깃든 바다를 향한 간절함(내가 진짜 누구인지 알고픈 간절함이기도 하다)은 조력자를 부르는 마법을 부린다. 백조들은 인어에게 "우리랑 같이 가자. 길은 가깝고, 모험으로 가득해!"라며 응원해 주고 바다까지 함께해 준다. 그토록 갈망하던 바다에 도착한 꼬마 인어는 자기의 돌 껍질 속에 갇혀 있던 진짜 꼬리를 되찾고 진짜 인어가 된다. 바닷속 왕국에서 화려하지만 유한한 삶보다 불멸의 인간 영혼을 갈망한 인어공주처럼 화려한 바다의 분수 위에서 안주하는 삶보다 진짜 바다를 갈망한 꼬마 인어는 파리 곳곳을 다니며 끝없는 유혹과 회유, 절망, 자기 의심이라는 시험 관문들을 통과하며 가려져 있던 자신의 진짜 모습을 되찾은 것이다.

시대별로 『인어공주』는 당시 사람들의 여성상에 대한 의식을 반영하며 다양한 모습으로 사람들의 앞에 서 왔다. 21세기에 인어공주는 관념과 육체의 한계를 넘어 사회 제도와 시선의 틀 안에 갇힌 진짜 자기 자신, 본질을 찾아가는 존재로 등장한다. 새롭게 등장할 또 다른 『인어공주』는 우리와 다른 존재에 대한 내 안에 숨겨져 있는 편견과 차별의식을 깨닫게 하는, 현 사회의 진보와 한계를 보여 주는 하나의 척도가 될 것이다. 그 구속에서 인어공주가 자유롭게 날아오르길 바란다.

글_ 오현수

『파리의 작은 인어』(루시아노 로사노 글, 그림 / 블루밍제이)

국내 작가들이 쓰고 그린
당신, 우리, 모두를 위한 그림책

『농부 달력』 글·그림 김선진

『농부 달력』은 글과 그림으로 이야기를 전하는 그림책 다큐멘터리입니다. 씨앗의 성장과 절기별 날씨 변화를 넘어선 느릿한 사람살이가 빼곡히 들어 있어, 영상이 전달할 수 없는 행간의 미학을 감동적으로 담아냅니다.

『지금이 딱 좋아』 글·그림 하수정

고애순 할머니의 하루는 스위치를 켜고 끄는 손가락 반동과 미세한 소리 울림으로 시작됩니다. 반쯤 열린 베란다 문 사이로 보이는 풍경이 할머니에게 열린 세상의 전부예요. 고애순 할머니는 언제까지나 묵직하게 내리쳐진 커튼을 방패 삼아 독백의 세계에서 지낼 수 있을까요? 굳게 닫혀 있던 현관문이 열리는 순간, 햇볕 냄새가 코를 감쌉니다. 부서지고 흔들리며 각양각색으로 빛나는 태양의 조명이 할머니의 마음을 따스하게 물들입니다.

『잘 가』 글·그림 고정순

『잘 가』는 모든 계절의 더위를 참고 견뎌야 했던 북극곰의 향수를, 사육장 담을 넘은 퓨마의 마지막 외출을, 홀로 좁은 수족관을 떠돌던 벨루가의 외로움을, 한때는 사랑받았을 버려진 개의 이야기를 기억하며 일상의 무관심에 스치듯 유명을 달리한 동물들을 향해 부르는 작별 인사이자 진혼곡입니다.

바른 교육 큰사람 **글로벌 교육문화기업 웅진씽크빅**
웅진주니어는 (주)웅진씽크빅의 유아·아동·청소년 도서 브랜드입니다. ※문의 031)956-7088

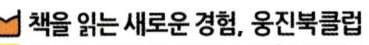
책을 읽는 새로운 경험, 웅진북클럽
구글 플레이와 앱 스토어에서 '웅진북클럽 체험판'을 다운 받으세요.

@woongjin_junior

사랑은 뜨겁게 지구는 차갑게
www.wjjunior.com

J 인터뷰: 『눈, 물』 작가 안녕달

이야기 만드는 걸 좋아하는
안녕달 작가의
나른하고 솔직한 이야기

2015년 여름, 『수박 수영장』으로 청량한 여름을 선물하며 데뷔한 작가 안녕달. 『할머니의 여름휴가』, 『왜냐면』, 『메리』, 『안녕』, 『당근 유치원』에 이어 2021년 겨울 『눈아이』까지. 하고 싶었던 이야기들을 숨가쁘게 쏟아 놓으며 어떤 수식어 없이도 이름만으로 작품을 기대하게 만드는 손꼽히는 작가로 자리매김하게 됐다. 귀여움과 따스함, 유머와 감동 사이를 종횡무진하는 가운데 『안녕』이라는 작품으로 성인 그림책에 대한 의지를 보인 작가는 최근 신작 『눈, 물』을 통해 본격적인 장편 성인 그림책을 선보였다.

'어쩌다 낳은' 눈아이를 지키기 위해 '언제나 겨울' 상자를 구하러 떠나는 여성의 이야기를 담은 이 책을 작가는 스스로 '스산한 분위기의 성인용 책'이라고 소개한다. 장편이지만 이 작품은 글이 없어도 강렬한 흡입력으로 단숨에 마지막 장까지 이끌고 다시 책을 펼치게 만드는, 탄탄한 서사가 빛나는 작품이다.
예쁜 이름을 지으면 출판사에서 자주 불러 줄지 모른다는 마음으로 지었다는 이름 안녕달. 『라키비움J』가 안녕달 작가에게 안녕, 반가운 인사를 건네 본다.

반갑습니다 작가님. 먼저 『라키비움J』 독자들에게 직접 자기소개를 해 주세요.

안녕하세요. 저는 그림을 그리고 있는 안녕달입니다. 음… 제가 제 소개를 길게 하는 데 별로 재능이 없는 것 같아요;;;;

신간 『눈, 물』이 출간되었습니다. 지난 『눈아이』 발간 후 인터뷰를 통해 "원래 같은 제목의 어두운 이야기를 먼저 작업하고 있었다."라고 얘기하셨는데요, 그게 바로 이 『눈, 물』인 셈이네요. 하나의 제목을 가지고 밝고 어두운 두 개의 이야기를 구상한 것이 굉장히 특이한 지점인데요. 이 책의 시작 이야기를 듣고 싶어요.

그때 제가 마감을 연달아서 네 개를 했더니 엄청 우울해졌어요. 우울해도 새로운 더미를 줘야 한다는 압박감에 노트를 붙잡고 있다가 나온 이야기예요. 한 번에 이야기가 나왔고 그때 그려진 상태 그대로 계약이 되었는데 좀 부족한 부분들이 있었어요. 제가 부족한 부분이 있으면 그 부분을 다듬기보다는 이야기를 더 많이 만들어 버리는 경향이 있어요. 『안녕』 때도 이야기가 잘 안 풀려서 길어져 버린 거였거든요.
뭐랄까, 질보다 양으로 승부하는 느낌으로 『눈, 물』에 이어 밝은 이야기인 『눈아이』도 그렸어요. 그렇게 둘이 세트로 그려서 한 번에 같이 출간하고 싶었는데 실패했어요.

안녕달 작가의 신작 『눈, 물』(창비).
녹는 아이를 구하기 위해 '언제나 겨울' 상자를 구하러 가는 여성의 이야기이다.

애당초 두 작품 모두 『눈아이』로 동시에 출간하고 싶었는데 시간차가 생긴 거군요. 이번 책의 제목을 『눈, 물』이라고 짓는 데도 많은 고민이 있었겠어요.

눈의 계절이 끝나면 눈이 녹아서 물이 되는데, 책에서도 눈아이가 녹으면서 계속 눈물을 흘리고 있어서 『눈물』이라는 제목을 생각했어요. 여러 제목 후보 중에 하나로 넣었는데 출판사에서 제목 관련해서 회의를 하다가 눈과 물 사이에 콤마를 넣게 되었어요. 저도 콤마가 눈물 모양 같기도 한 게 좋아서 『눈, 물』로 제목을 결정했어요.

녹는 아이라는 설정은 표면적으로는 장애 혹은 돌봄이 필요한 존재로 보이고 녹는 아이를 지킬 수 있는 '언제나 겨울' 상자는 그런 사회적 약자를 지켜 줄 시스템이나 사회 제도 등으로 읽힙니다. 독자의 관점에 따라 다양하게 읽힐 것 같은데, 작가님이 가장 표현하고 싶었던 녹는 아이와 겨울 상자의 의미는 무엇인가요?

어… 솔직히 대답하면 '저도 모른다'예요. 처음에는 보통 그림책 정도의 짧은 이야기여서 이야기가 한 번에 나왔어요. 별생각 없이 그려 놓고 보니까 눈아이가 아픈 아이이고 여자는 아픈 아이를 낳은 엄마 그리고 '언제나 겨울' 상자는 의료기기 같다고 생각했어요. 이야기의 볼륨을 늘리는 과정에서는 그런 점을 염두에 두고 이야기를 늘렸어요. 편집자님이 그렇게 완성된 콘티를 보고 전과 전혀 다른 관점의 감상을 써 주셨어요. 눈아이가 일차원적으로는 장애를 가진 아이로 보이지만 눈아이가 여자의 자아나 이상, 영혼을 상징하는 것으로도 보인다고요. 그 감상을 읽고 눈아이는 어쩌면 계절이 지나듯

시간이라는 어쩔 수 없는 거대한 흐름 속에서 퇴색되어 가는 여자가 지키고 싶은 이상적 가치 같은 것이고, '언제나 겨울' 상자는 그런 시간의 흐름에도 불구하고 이상을 지키고 살 수 있게 하는 어떠한 장치 같은 거라는 생각이 들었어요. 그래서 스케치를 뜰 때는 그렇게 생각하고 그렸어요.

아무래도 강조하고 싶은 이야기가 있어서 분량이 늘어났을 것 같은데, 어떤 부분을 강조해서 보여 주고 싶으셨나요?

같은 아이디어에서 시작한 두 책을 세트로 내려고 하다 보니 두 책에 차별성이 좀 더 있는 게 좋을 것 같다는 의견이 있었어요. 여자가 '언제나 겨울' 상자를 구하러 가는 부분의 분량이 늘어났는데 의도하고 그 부분을 늘린 건 아니었고, 이야기를 길게 만들어야겠다고 생각했을 때 좀 더 길게 그릴 수 있는 부분이 그때는 거기밖에 안 보였던 것 같아요. 제가 그렇게 치밀하게 이야기를 짜지는 못하거든요.

녹는 아이도 그렇지만 전작에서 소시지 할아버지, 폭탄 아이, 쓰레기통 요정 등 독특한 캐릭터가 자주 등장했어요. 노인이나 개도 자주 등장했지요. 이들은 종종 외로운 존재, 버려진 존재로 등장하기도 합니다. 이런 공통점이 갖는 의미가 있을까요?

그냥 제가 좋아하는 것들이에요. ㅎㅎ 제가 좋아하는 대상들을 그려야 그리면서 재미있더라고요.

밝은 『눈아이』, 어두운 『눈, 물』 결국 한 세트인걸요

여자는 아이를 '어쩌다 낳았다'라고 나옵니다. 그럼에도 아이를 지키기 위해 자신을 내던지는데요, 이건 모성애 때문인가요?

눈아이가 아이라고 해석하면 모성애라고 볼 수 있을 것 같아요. 눈아이를 여자가 지키고 싶은 이상이라고 생각하면 여자 자신이 마주한 문제를 해결하러 가는 거고요.

『눈, 물』의 여자는 온기를 차단하기 위해 눈으로 담을 쌓고 '언제나 겨울' 상자를 구하기 위해 떠납니다. 하지만 『눈아이』의 어린이는 순수하게 다가가 손을 잡고, 따뜻한 입김을 불어 눈아이를 녹게 만들어요. 눈아이는 녹아내리지만 "따뜻해서" 울어 버립니다. 두 작품은 결국 곁에 있어 주는 방식과 떠나는 방식, 이렇게 다른 방식으로 눈아이를 지키려고 했던 이야기라고 생각하는데요. 작가님이었다면 어떤 방식으로 눈아이를 지켜 냈을지 궁금해요.

어려운 질문인데요. 전 결단력이 부족해서 여자처럼 눈아이 곁을 떠나지는 못하고 아이처럼 눈아이 곁에 있기는 했을 것 같아요. 그런데 또 아이처럼 손을 잡아 주지는 못하고 여자처럼 녹아 내리는 눈아이를 보면서 어쩔 줄 몰라 했을 것 같아요. 그래서 결국 눈아이를 지켜 내지는 못했을 것 같아요.

여자의 표정은 드러나지 않지만 붉은 입술만은 눈에 띕니다.

여자의 입술은 여자의 온기를 드러내는 곳이라 따뜻해 보이라고 옅은 붉은 색으로 그렸어요. 여자의 따뜻한 입술로 아이의 다친 손을 붙여 줘요. 또 꽁꽁 언 아이가 냉동실에서 막 꺼낸 얼음처럼 여자의 입술을 아프게 붙잡으면 그 온기로 아이를 녹이기도 하거든요.

책의 분량이 길지만 속도와 호흡의 조절이 잘 느껴졌어요. 작가님의 작품에는 전체적으로 의성어, 의태어가 많아 글이 없어도 음향 효과가 있는 것 같고 결국 한 편의 영화를 보는 것 같아요. 애니메이션에도 관심이 많으신 걸로 아는데, 영향이 있을까요?

그럴 수도 있을 것 같아요. 학교 다닐 때 영화 보는 것도 좋아하고 단편 애니메이션을 만드는 것도 좋아했거든요. 근데 왠지 책에 대사보다 의성어, 의태어가 많은 건 아무래도 어릴 때 엄마 몰래 언니가 빌려 온 만화책을 많이 봐서 그런 것 같아요.

학창시절에 만화 좀 보셨군요! 기억나는 만화는 어떤 작품인가요?

『원피스』와 『르브바하프 왕국 재건설기』를 많이 봤어요.

『눈, 물』(안녕달 글, 그림 / 창비)

'언제나 겨울'을 구하러 여자가 떠나는 길과 돌아오는 길에는 문짝만 남은 집들, 그리고 굳게 문이 닫힌 집들이 있더라고요. 녹는 아이는 한 명이 아니라는 뜻인가요?

그렇게 봐 주셔도 괜찮고 계절이 변하듯 시간이 흐름에 따라서 사라지는 가치, 어떠한 주류에 흡수되어 버리는 것들의 잔재라고 봐 주셔도 될 것 같아요.
현대에는 거대한 주류 문화 생활 방식이 있는데 시간이 흐름에 따라 수많은 각자의 개성을 가진 소수들이 그 거대한 주류에 흡수되어 버리는 것 같아요. 멀리 가면 소수 민족의 생활 방식이 그렇고 가까운 곳에서는 조금 다른 이상을 가지고 살고 있는 사람들이 그렇고요. 그분들도 자신의 가치관을 가지고 각자의 문화를 가꾸면서 살고 있었는데 이제는 보편 가치와 더 주목받는 기준으로만 평가되면서 비판받거나 몰살당하고 주류에 흡수되어 버리기도 해요. 문짝만 남은 집들은 지키고 싶었지만 그렇게 사라져 버린 것들의 흔적이라고 생각하고 그렸어요.

『눈, 물』속 도시와 도시 밖은 그 분위기가 현저히 다릅니다. 공간의 차이가 확연히 느껴지도록 그려져 있고요. 다른 작품에서도 도시보다는 시골이 많이 등장했어요. 작가님에게 도시와 시골이 주는 이미지는 각각 어떻게 다른가요.

그게 책을 그릴 때 항상 같은 이미지를 생각하고 도시와 시골을 그리진 않았던 것 같아요.
이 이야기에서 도시는 자본주의라는 주류 체제라고 생각하고 여자의 방이 있는 곳은 그런 주류 체제에서 덜 중요하게 여겨지는 시골 같은 공간으로 그렸어요. 도시는 빠르고 복잡하고 필요보다 많은 것을 소비하는 공간이에요. 이런 끝없는 욕구들로 도시는 더 화려해지고 발전하지만 그러면서 도시에서 발생한 수많은 쓰레기는 사람들이 더 많은 소비를 하는 데에 거리낌이 없도록 어둑한 밤에 수거되어 도시 밖으로 배출돼요. 이렇게 도시를 중심으로 돌아가는 세상에서 도시 이외의 공간은 소중한 것들을 빼앗기고 그 세상의 관점에서 덜 중요한 공간이 돼요. 도시에서 나온 쓰레기를 처리하는 곳이 될 뿐만 아니라 도시의 소비로 인해 기온이 올라가면 가장 먼저 직접적인 타격을 받는 곳이 되기도 해요.

『눈, 물』을 『눈아이』의 프리퀄이라고 이해해도 될까요? 프리퀄이라면 『눈, 물』의 마지막은 결국 아이를 지켜냈다고 봐야 할까요?

언제나 거울이라는 것을 찾아 헤맸다.

그렇게 보셔도 괜찮을 것 같긴 한데 그런 거라고 생각하고 그리진 않았어요.
전 단순하게 너무 어두운 이야기를 그렸으니 중화시킬 겸 같은 아이디어로 그보다 좀 더 밝은 이야기를 그려서 세트로 내야겠다 생각했거든요.

이야기를 떠올리고 대체로 수년간 갖고 있다가 이야기가 무르익었을 때 꺼내어 다시 작업하는 스타일인 것 같아요. 지금까지 나온 작품들이 다 오래 들고 있었던 얘기들이죠?

네. 매년 새로운 책을 내고 있지만, 그 책이 나오기까지는 평균 5년 정도 걸리는 것 같아요. 아이디어를 짜고 이야기를 만들어 놓고 혼자 고치기도 하다가 막히면 그냥 서랍에 넣어 버리기도 해요. 그러다가 영영 안 나오는 이야기도 있고 결국 출판사를 찾아서 책의 형태가 되는 이야기도 있어요.

도시가 시작되는 곳, 쓰레기가 쏟아진다.
여자는 과연 '언제나 겨울'을 구할 수 있을까?

악! 언제 은퇴할 수 있는 거지?

이제 일상에 대한 질문을 좀 드려 볼까요? 최근까지 마감하느라 무척 바쁜 일정이셨을 것 같습니다. 마감이 끝난 스스로에게는 어떤 보상을 해 주시나요?

지난 번 『눈아이』 끝나고는 이번 책 『눈, 물』을 늦지 않게 내야 해서 바로 일을 시작했는데 이번 마감 끝나고는 바쁘더라도 제가 너무 지치지 않게 짧게 여행을 가 볼까 생각하고 있어요. 전 집에서 일 안 하고 있으면 되게 좋긴 한데 집에서 쉬려고 하면 자동으로 쌓여 있는 아직 처리하지 못한 일들이 생각나서 멀리 놀러 가서 머리를 쉬게 할 시간을 만들려고요.

마감이 끝났다고 원하는 것을 마음껏 하면서 지낼 수 있는 건 아니네요. 그럼 바쁜 시기에도 이것만은 나를 편안하고 행복하게 해 준다는 작가님만의 소소한 행복이 있다면요?

이번 책 채색 마감할 때 작업실 달력에 날 위해 한 것과 즐거웠던 일이 있었으면 해서 적어 봤어요. 꽃을 제일 작은 단위로 사서 그 꽃 이름을 적어 놓기도 하고, 맛있는 것 사 먹은 걸 그려 넣기도 하고, 놀러 간 곳을 그려 놓기도 하고, 전시 본 것 그려 놓기도 했어요. 일하기 싫을 때마다 그거 보면 그때 산 꽃 냄새가 나는 것 같고 전시에서 본 아기 생각도 나고 해서 되게 좋았어요.

작업할 때의 작가님은 어떤 모습인가요? 구체적으로 묘사해 주세요.

단계별로 달라요. 처음 아이디어 짤 때는 재밌어요. 혼자 룰루랄라 즐거워하면서 아이디어를 짜다가 콘티를 그릴 때는 '음 좀 귀찮은데….' 하면서 카페에 가서 해요. 스케치 뜰 때는 '아 너무 하기 싫다.'라고 생각하면서 작업실에서 스케치를 뜨고요. 채색할 때쯤 되면 '악;; 언제 은퇴할 수 있는 거지.'라고 생각하면서 회사원처럼 채색을 하는데 마감할 때쯤에는 몸이 슬슬 아파져요. "아이고 죽겠네…." 하며 마무리하면 일이 끝날 때쯤에는 아무것도 하고 싶지 않은 상태가 됩니다. 근데 또 아무것도 안 하고 있으면 새로운 아이디어가 생각나요. 그럼 다시 위의 과정을 반복해야 해요.

그림책 작가는 프리랜서이니까 일하는 방식에 힘든 점이 있을 것 같아요. 저희가 인터뷰했던 미국 그림책 작가 댄 샌탯은 프리랜서라서 늘 이번 작업이 마지막일 수도 있다는 걱정을 한다더군요. 그림책 작가로서 작가님의 고민은 어느 지점인가요?

저도 일이 없던 시절이 길어서 들어오는 일은 다 했는데, 그렇게 일을 하니까 건강이 너무 안 좋아지더라고요. 제가 원래도 체력이 없는데 더 안 좋아졌어요. 일이 없어서 굶어 죽기 전에 몸이 아파서 죽겠다 싶어서 일을 줄이고 있어요. 근데 저도 정말 오랫동안 일이 없어 본 프리랜서라 지금은 제가 할 수 있는 것보다 일이 더 많이 들어와도 조금 지나면 또 없을 걸 아니까 들어오는 일을 거절하는 게 무서워요.

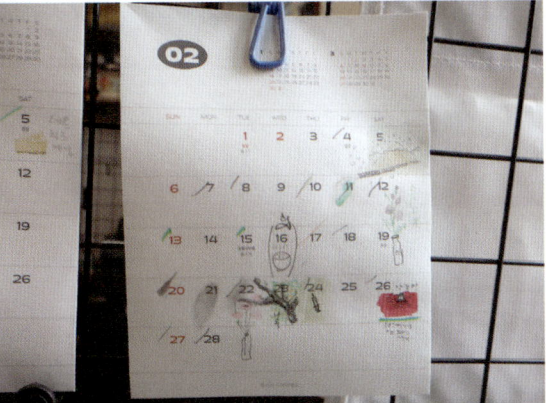

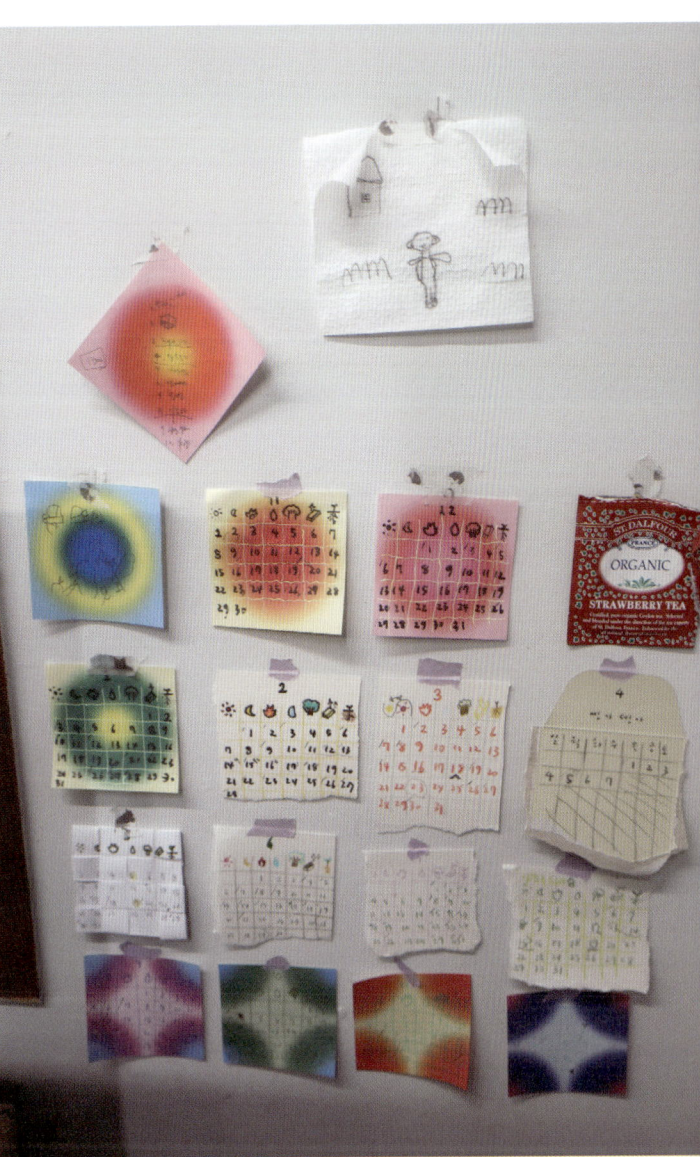

안녕달 작가의 작업실 책상과 그 주변 모습

매 순간 우리는 나이를 먹어 가고 있습니다. 나이를 먹어서 좋다고 생각하는 것이 있나요? 작가님은 어떤 모습으로 나이 들어 가고 싶으신가요?

나이가 들면 어릴 때는 안 보이던 게 보이고 어릴 때는 관심 없던 것들이 재밌고 그래요. 어릴 때 흥미 없던 종류의 책이나 영화도 나이가 드니까 재밌게 느껴지기도 해서 나이가 들면서 좋은 점들이 있구나 싶어요. 경험치가 달라서 그런 것 같기도 하고 그렇네요.
저, 허리가 꼿꼿한 노인이 되고 싶어요. 지하철에서 어떤 할머니들이 허리가 꼿꼿한 할아버지가 지나가는 걸 보고 "어머, 저 할아버지는 허리가 하나도 안 굽었어."라고 수군수군 이야기하는 걸 들었거든요. 그렇게 여고생들처럼 수군대는 할머니들도 귀엽고 허리가 꼿꼿해서 멋진 노인이 된 할아버지도 재밌어서 허리가 꼿꼿한 노인이 되고 싶어졌어요.

작가님 작품의 독자는 유독 연령대가 다양해요. 그 비결이랄까, 이유가 뭐라고 생각하세요?

제가 성인인데 그림책 그릴 때 저도 즐거워야 하니까 제가 보고 싶은 이야기를 그려요. 성인인 제가 좋아하는 걸 그려서 다른 성인들도 재밌게 볼 수 있는 것 같고요. 제가 그린 책 속에 할머니, 할아버지도 나오니까 할머니, 할아버지도 볼 수 있고, 어린이들은 할머니, 할아버지, 엄마, 아빠가 자꾸 보여 주니까 자연스럽게 좋아하는 게 아닐까 하고 추측해 봐요.

2012년에 작가가 그린 한 장의 그림, 「울지 마」.
『눈, 물』의 모티브가 되었다.

"저, 허리가 꼿꼿한 노인이 되고 싶어요."

평소에 작품의 아이디어를 얻기 위해 노력하는 것이 있나요? 영화, 드라마, 음악 등은 어떤 걸 즐기시는지, 그런 것들이 아이디어에 영감을 주는지도 궁금해요.

아이디어는 좀 쉬고 있을 때 아무것도 안 하는 빈 시간에 문득문득 생각나는데 잊어버리지 않게 종이에 적으려고 노력하고 있어요. 그런데 너무 손 하나 까딱하고 싶지 않을 때는 그냥 날려 버릴 때도 있어요.
영화, 드라마, 음악도 좋아하는데 신선하고 잔잔한 거 좋아해요. 영화로 예를 들자면 좀 별일 없는 영화요. 이렇다 하게 보여지는 성취 없이 아주 작은 내적 성장만 하는 그런 류의 영화요. 「걷기왕」이라는 영화를 좋아해서 종종 다시 봐요. 주인공이 시합 중에 넘어졌다가 안 일어나고 하늘만 쳐다보고 있는 장면이 있는데 그 부분을 너무 좋아해요. 제가 그런 이야기를 좋아해서 저도 별일 안 일어나는 이야기를 그리는 걸 좋아하는 것 같아요.

작가님의 작품 속에 꼭 담고 싶은, 이것만은 늘 품고 싶은 가치나 키워드가 있나요?

어… 아니요. 전혀 없어요.

어느덧 마지막 질문인데요, 『라키비움J』의 시그니처 질문입니다. 작가님을 세 개의 형용사로 표현해 주세요. 나는 (   ), (   ), (   )한 작가입니다.

나는 이야기 만드는 걸 좋아하지만, 왠지 늘 졸리고, 피곤한 작가입니다.

인터뷰를 정리하는 내내 오늘은 이 대목에서, 다음 날은 저 대목에서 쿡쿡 웃음이 삐져나왔다. 스스로 '치밀하지 못한' 사람이라 말하지만, 이야기의 방향을 잡으면 내내 그 생각에 빠져 스케치를 하는 작가. 좋아하는 대상을 그려야 신나지만 고된 채색을 할 때는 은퇴를 꿈꾸는 작가. 결단력이 부족하다면서도 가슴에 품은 이야기는 끝내 작품으로 세상에 내어놓는 작가. 인터뷰를 이렇게까지 나른하고 솔직하게 하는 작가가 있을까 싶다가도 답변 중간중간 어쩔 수 없이 드러나는 사려 깊은 강단은 작업을 이어 오는 원동력을 짐작케 하는 부분이었다.

「걷기왕」의 주인공처럼 안녕달 작가는 마감을 끝내고 누워 하늘을 쳐다보고 있을까, 아니면 짧은 여행을 떠났을까. 얼마 쉬지도 않고 재미있는 아이디어가 떠올라 다시 책상 앞에 앉을지도 모르겠다. 그래도 꼿꼿한 허리를 위해서 쉬엄쉬엄 작업하시길. 안녕달 작가가 포착하고 길어 올릴 빛나는 이야기가 또 기다려진다.

글_ 임민정

아름다운 사람들이 돌아옵니다

그림책 애호가들의 사랑을 받아 온
'근육 아저씨와 뚱보 아줌마'가 돌아옵니다.
숲 편은 2012년 초판의 이야기를 다듬어 담았고
호수 편은 처음 선보이는 새로운 이야기입니다.
숲과 물, 새들과 개미와 수달과 물고기와 사람이
자연스레 어울리며 서로를 반짝거리게 만듭니다.
'공생'을 평온한 호흡으로 전하는 그림책입니다.

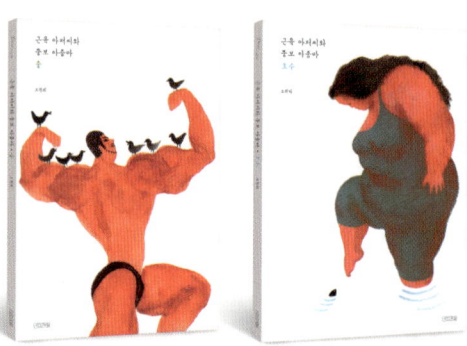

『근육 아저씨와 뚱보 아줌마·숲』『근육 아저씨와 뚱보 아줌마·호수』
조원희 지음, 각권 값 14,500원

사계절

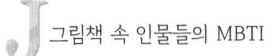
그림책 속 인물들의 MBTI

당신과 닮은 그림책 주인공은 누구인가요?

"쟤 진짜 소심해. 트리플 A형이라니까." "파닥거리는 물고기자리는 물병자리를 만나야 안정감을 느껴." "58년 개띠들은 함부로 건드리는 것 아니야." 아직도 이런 이야기를 하는 건 아니겠지. 21세기엔 무려 16가지의 성격 유형을 통해 서로를 파악할 단서를 찾았으니 말이다. 그것은 바로 성격 유형 선호 지표 MBTI! 2020년대의 한국에서는 직장 면접에서조차 MBTI 유형이 어떻게 되냐고 물어볼 정도라고 하니 그야말로 때와 장소를 가리지 않는 핫한 성격 테스트다. 1944년에 적합한 직무를 찾을 목적으로 만들어진 검사였으면 뭐 어떤가. 가수 문별이 부르는 「LUNATIC」의 가사 '헷갈리는 MBTI 하루 새 또 바뀐 E에서 I'처럼 2022년 케이팝에도 등장하는 시의성을 갖춘 지표 되시겠다.

그렇다면 그림책 속 등장인물의 MBTI 유형은 어떨까 궁금한 당신은? 끊임없이 새로운 지식에 목말라 하는 혁신가형, INTP일 가능성이 있다. 아니라고? 흠흠, 테스트는 테스트일 뿐 맹신하지 말자.

초간단 MBTI 테스트: 그림책에 물을 쏟았을 때 당신의 대처법은?

E 말이 많아짐	I 생각이 많아짐
S 저번에 어떻게 했더라	N 다음엔 날쌔게 책을 구해야지!
T 드라이기가 나을까, 냉동실이 나을까	F 이 책, 사인본인데(눈물 주르륵)
J 책을 다시 주문하자. 일단 적립금 받고	P 일단 말려 보지 뭐

분석형

계획을 세웠으면 행동하고야 만다.
철두철미한 INTJ 두더지

올곧은 태도로 세운 계획을 향해 돌진해 나가는 모습은 『누가 내 머리에 똥 쌌어?』(베르너 홀츠바르트 글, 볼프 에를브루흐 그림 / 사계절)의 두더지와 닮았다. 자신의 머리에 똥을 싼 범인을 찾기 위해 온갖 동물들을 찾아다니며 똥 수색에 여념이 없는 작은 두더지. 비록 다리에 똥이 튀고 냄새에 코를 움켜쥐면서도 결국 범인을 찾아낸 뒤 '눈에는 눈 이에는 이' 범인의 머리 위에 자신의 흔적을 남기고 오는 행동파.

그저 놀고먹는 게 아니란 말이오.
사색가 INTP 아이

아랫목에서 밥 먹고 윗목에서 똥 싸고, 아랫목에서 밥 먹고 윗목에서 똥 싸는 게으른 아이에게 뭐라고 하지 말라. 그 아이는 사색 중이다. 『줄줄이 꿴 호랑이』(권문희 글, 그림 / 사계절)의 소년이 괭이를 쥐는 순간, 그 소년은 집안을 일으켜 세웠다는 것을 명심하자. 지금 내 눈앞에 밥 먹고 대자로 뻗어 자는 아이는 독특한 관점과 왕성한 지적 호기심을 가진 INTP일지도 모른다(아니면 그냥 자는 거니 맹신하진 말 것).

대담함은 물론 융통성도 갖춘
리더 ENTJ 젖소

진취적인 생각과 결정력, 그리고 냉철한 판단력을 가진 자가 바로 여기 있다. 『탁탁 톡톡 음매~ 젖소가 편지를 쓴대요』(도린 크로닌 글, 베시 루윈 그림 / 주니어RHK)의 젖소는 전기담요를 쟁취하기 위해 타자기 앞에 앉았다. 닭들과 함께 파업도 불사하지만 적절한 타협점도 제시하는 현명한 리더다. No milk, no eggs 앞에서 농장 주인은 그들의 요구를 들어주고 이 사건을 통해 농장 동물들의 생활 환경이 개선된다. 원하는 것이 있다면 주변 ENTJ를 부추겨 보자.

떡볶이는 소중하니까!
호기심 대마왕 ENTP 똘이와 욱이

정해진 법칙은 없다, 뭐가 됐든 성취가 우리의 목적이라고 외쳐대는 이들은 『소중한 하루』(윤태규 글, 그림 / 그림책공작소)의 똘이와 욱이를 닮았다. 단골 떡볶이 가게가 옆 동네로 이사를 떠나자 무시무시숲, 마녀탕, 그리고 악마의 입을 통과할 작전을 세워 어마어마한 모험을 떠난다. 이들은 영리한 것인가, 무모한 것인가. 그렇게 찾아간 가게에서 먹는 떡볶이의 맛은 "정말 환상적이야." ENTP라면 여기서 그치지 않는다. 무슨 고추장을 썼는지, 쌀떡인지 밀떡인지 논쟁을 시작할 것이다. 피곤하지 않냐고? 재밌기만 한걸!

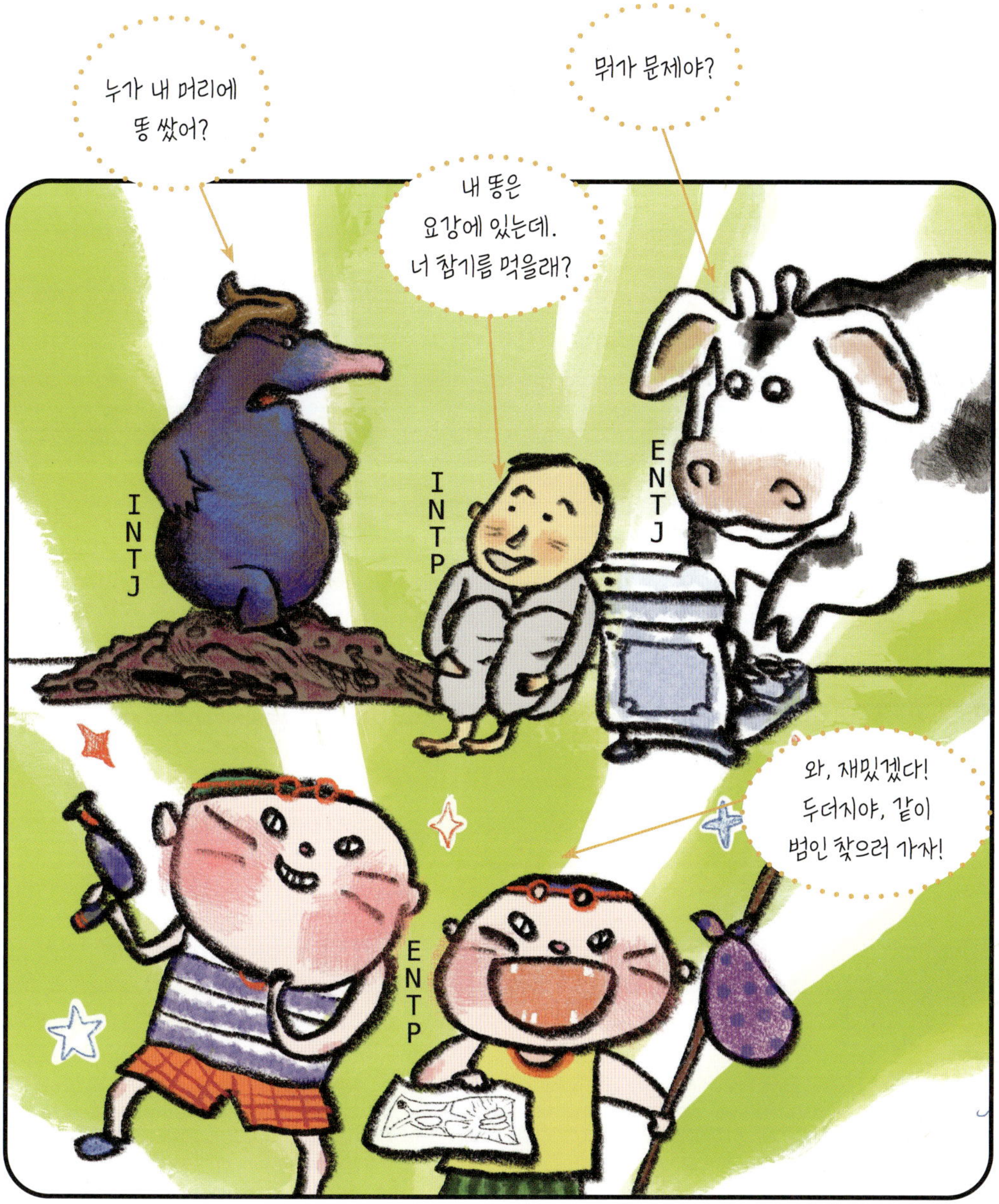

외교형

잠겨 있던 빗장이 풀리는 순간 온정이 흘러넘치는 INFJ 브레드씨

서로 돕는 세상을 꿈꾸는 따뜻한 성격의 소유자들. 낯을 가리면서도 자신의 집에 찾아오는 동물에게 맛있는 빵을 만들어 주는 『두근두근』(이석구 글, 그림 / 고래이야기)의 브레드씨. 변비에 걸린 생쥐에겐 야채빵, 추위에 오들오들 떠는 양에게는 호빵을 구워 주는 섬세한 브레드씨에게서 다른 이들을 돕는 것을 인생의 목적으로 여길 정도라는 INFJ의 향기가 스멀스멀 피어오른다. 어쩐지 브레드씨가 필자에겐 공갈빵을 건넬 것만 같아 가슴이 두근두근. 브레드씨, 저는 소보로빵을 좋아한답니다.

마음먹은 일은 꼭 해내는 ENFJ 소피아

『정치가 소피아의 놀라운 도전』(안드레아 비티 글, 데이비드 로버츠 그림 / 천개의바람)의 소피아는 타고난 리더다. 필요하다고 느끼면 발 벗고 나서서 옳은 일을 위해 자신의 목소리를 보탠다. 넘치는 카리스마와 영향력으로 청중을 압도하는 리더 형 ENFJ의 모습 그대로다. 소피아가 부디 말년까지 모범이 되는 정치가가 되어 주길. 그림책에서라도 그림 같은 정치인 하나쯤 보고 싶다.

자신의 문명을 건설해 낸 낭만주의자 INFP 웨슬리

이보다 더 창의적일 순 없다. 자신만의 작물을 키우고 옷을 만들고 심지어 언어까지 만들어 낸 『웨슬리나라』(폴 플레이쉬만 글, 케빈 호크스 그림 / 비룡소)의 웨슬리. 간혹 사람들의 오해를 사기도 하지만, 이들의 순수한 열정에는 세상을 더욱 아름답게 만드는 힘이 있다. 유난스럽게 보인다고 얼굴을 찌푸리는 다른 유형의 사람들에게 INFP가 묻는다. "당신의 낭만은 무엇이오?" 너무나 뛰어난 언어 능력 탓에 혼자만 알아듣는 이야기를 할 수도 있으니 당황하지 말자.

삶이라는 모험 앞에 바보가 될 준비가 되어 있나? ENFP 소녀

추운 겨울, 깊은 산속에서 길 잃은 새끼 늑대를 맞닥뜨린다면? ENFP는 그냥 지나칠 수 없다. 『세상에서 가장 용감한 소녀』(매튜 코델 글, 그림 / 비룡소)가 되어 엄마 늑대에게 데려다준다. 소녀라고 무섭지 않은 건 아니다. 하지만 얼어 죽을지 모르는 생명 앞에서 그저 살릴 생각 하나만 떠오르는 게 ENFP 아니겠는가. 살짝 미쳐서 사는 인생, 그 속에서 반짝거리는 꿈. 작은 것 하나에도 함께 기뻐해 주고 슬퍼해 주는 이 유형의 친구들은 공감이 필요할 때 큰 힘이 된다.

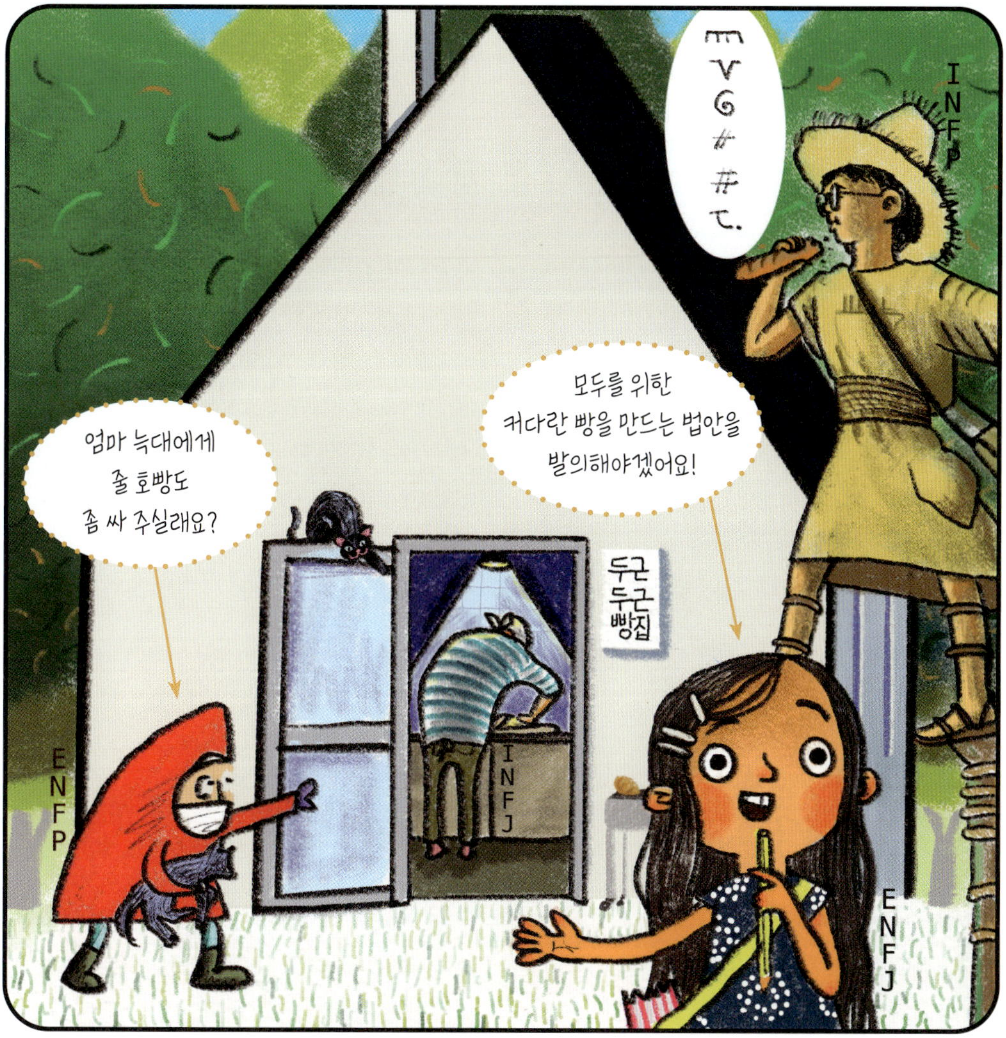

관리자형

맡은 바 책임을 다하는
ISTJ 등대지기

등대의 렌즈를 닦고, 연료통에 석유를 가득 채우고, 밤이 되면 업무 일지에 모든 일을 하나하나 기록하는 『안녕, 나의 등대』(소피 블랙올 글, 그림 / 비룡소)의 등대지기. 시간과 에너지를 허투루 쓰지 않고, 신중하고 정확하게 업무를 처리하는 이들은 혼자 일하는 것을 선호한다. 눈이 오나 비가 오나 불빛을 환하게 비추어 배들이 길을 잃지 않게 안내하는 책임감 만렙 ISTJ. 삐걱대는 세상이 원활히 돌아가도록 기름칠을 해 주는 존재들이다.

거침없이 밀고 나가는
ESTJ 막두

"그래 불뚝스러워가지고 어디 장사하겠냐?" "시끄럽다. 내 장사만 잘한다." 『막두』(정희선 글, 그림 / 이야기꽃) 할머니는 꿋꿋하다. 혈혈단신 60년 살아온 세월 앞에 "막두도 저만치로 대단하게 살았심더." 당당히 얘기할 수 있는 의지의 한국인. 자신한테도 남한테도 엄격한 ESTJ가 우리 할머니라 생각하면 좀 무섭긴 하다.

그 길, 함께 걸어 줄게
ISFJ 블레로 할머니

『산으로 오르는 길』(마리안느 뒤비크 글, 그림 / 고래뱃속)의 블레로 할머니는 산길을 걸으며 이웃을 위해 버섯을 따고, 어려움이 있는 친구에게 도움의 손길을 건넨다. 무언가 문제가 생겼을 때 금방 알아차리고 "얘야, 괜찮니?"라고 물어봐 주는 볼레로 할머니는 소중한 이들을 지키는 데 심혈을 기울이는 용감한 수호자의 모습이다. 코로나19로 일상이 흔들릴 때 기꺼이 조력자가 되어 나를 다정하게 보듬는 그이가 ISFJ일지 모른다.

어색할 바에야 불편할래
ESFJ 곰씨

지쳐 보이는 토끼에게 내어 준 의자 한 켠이 곰씨에게 미친 영향은? 『곰씨의 의자』(노인경 글, 그림 / 문학동네)의 곰씨는 배려 한 번에 자신이 좋아하는 모든 걸 잃을 지경이다. 곰씨가 인기인 걸까, 곰씨의 의자가 인기인 걸까? 타인을 돕다가 내가 불편할지언정 남에게 싫은 소리 한번 못하는 곰씨는 어떻게 이 상황을 해결했을까? 충돌하고 싶지 않은 ESFJ에게 이 책을 권한다.

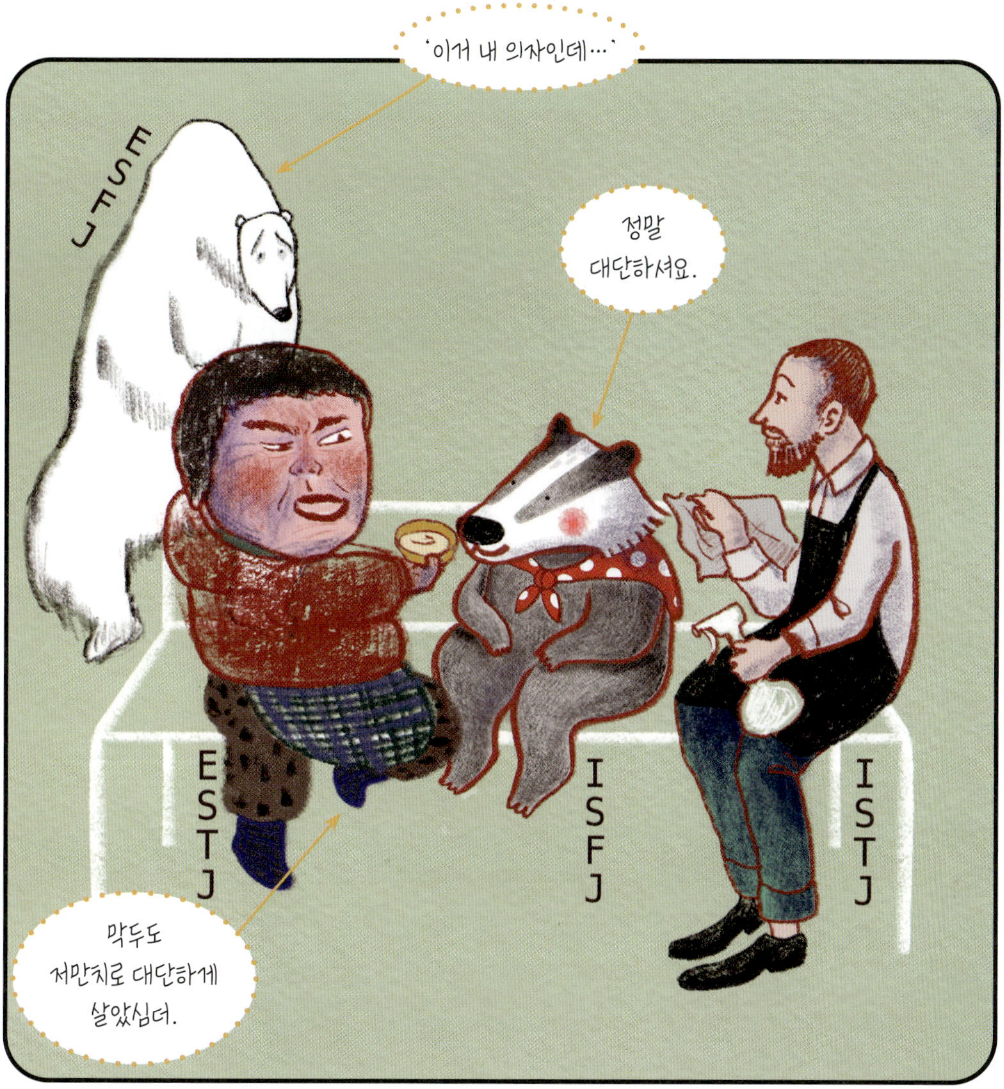

탐험가형

털실과 코바늘만 있다면 세상도 바꿀 수 있어 ISTP 애너벨

『애너벨과 신기한 털실』(맥 바넷 글, 존 클라센 그림 / 길벗어린이)의 애너벨이 털실 상자를 발견했으니 망정이지 똥손인 필자가 발견했다면 귀족에게 진작 팔았을 것이다. 손재주가 좋은 ISTP는 남들과 다름을 기꺼이 받아들인다. 흑백만이 가득했던 추운 마을이 알록달록 따뜻한 옷을 입은 마을로 변하듯 직접 손으로 만지고 눈으로 보면서 주변을 탐색하는 것을 좋아하는 ISTP가 남들과는 다른 색으로 물들이는 세상을 관심 있게 지켜봐 주자.

어차피 머리카락은 열 가닥 뿐이라구~ ESTP 괜찮아 아저씨

『괜찮아 아저씨』(김경희 글, 그림 / 비룡소)는 늘 괜찮다. 머리카락이 계속 빠지지만, 뭐 어때? 있는 머리카락으로도 행복하다. 하나 있던 머리카락마저 쏙 빠지고 나서도 머리에 화관을 쓰고 활짝 웃는 아저씨. 결국 빠질 머리카락 뭘 그렇게 신경 쓰냐며 오히려 반문할 것 같은 이 아저씨는 명석한 두뇌와 에너지, 그리고 뛰어난 직관력을 가진 ESTP겠지? 진정 즐길 줄 아는 아저씨가 챔피언입니다!

호기심 많은 예술가 ISFP 리디아

"저는 작아도 힘은 세답니다." 『리디아의 정원』(사라 스튜어트 글, 데이비드 스몰 그림 / 시공주니어)의 리디아는 새로운 세계에서 자신의 정원을 꾸밀 줄 아는 소녀다. 그녀의 순수한 열정은 황폐한 사람들의 마음에 꽃을 피우고 도시를 예술로 만들었다. 항상 새로운 것을 찾아 시도하거나 도전할 준비가 되어 있는 ISFP 덕분에 인류는 진화하고 있는 것 아닐까.

의무나 책임 따위 개나 줘 버려 ESFP 우당탕탕 야옹이

'우당탕탕 야옹이' 시리즈(구도 노리코 글, 그림 / 책읽는곰)는 늘 같은 패턴이다. 하고 싶은 게 생기면 일단 저지르고 결국 사고를 친다. 덕분에 피해자 멍멍 씨는 사태를 수습하느라 인생이 지루할 틈이 없다. 벌써 여덟 개의 사고를 낸 자유로운 영혼의 에너자이저 우당탕탕 야옹이들은 도대체 언제 정신 차리려나? 그래도 야옹이들 사고 덕에 마을은 늘 축제 분위기이니 고마워해야 하는 건지 아닌 건지 원.

글_ 하예라, 그림_ 구본재

애너벨이 뜨개질하는 걸 말썽쟁이 야옹이들이 엿보고 있네요.

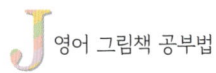 영어 그림책 공부법

원서와 한글책, 같이 읽으면 좋을까요?
답은 ☐에 따라 다르다!!!

"애가 영어 그림책을 제대로 해석하고 있는지 걱정스러워요. 한글책을 같이 읽히면 어떨까요?"
답은, 책에 따라 다릅니다!
세 가지 경우로 나누어 상세하게 설명해 보겠습니다.

첫째, 리듬과 라임! 영어 소리의 특징이 큰 책의 경우입니다.

루드비히 베멀먼즈의 『Madeline』 시리즈는 칼데콧 대상과 명예상을 받았고, 수차례 영화로와 TV 애니메이션으로 제작된 20세기 최고의 그림책 중 하나입니다. 이 책은 아름다운 문장과 1930년대 2차 세계 대전 당시의 프랑스 파리 모습을 사실적으로 묘사한 그림으로 유명하지요. 이 책의 영어와 한글 버전은 이렇게 시작합니다.

『*Madeline*』
(Ludwig Bemelmans / Viking Childrens Books)

In an old house in Paris
that was covered with vines
lived twelve little girls in two straight lines.
In two straight lines they broke their bread
and brushed their teeth and went to bed.

『씩씩한 마들린느』
(루드비히 베멀먼즈 글, 그림 / 시공주니어)

여기는 프랑스 파리입니다.
덩굴로 뒤덮인 오래된 기숙사에
열두 여자아이가 두 줄 나란히 살고 있었습니다.
밥 먹을 때도 두 줄 나란히,
이 닦을 때도 두 줄 나란히,
잠 잘 때도 두 줄 나란히였습니다.

한글 번역도 아름답지만, 원서의 느낌과는 매우 다르지요? 물론 그 시절의 파리를 아름답게 그려 낸 루드비히 베멀먼즈의 그림을 즐길 수 있기 때문에 번역서로도 충분히 의미 있는 책 읽기가 가능합니다. 다만, 영어 학습을 위해 『Madeline』의 한국어 번역본과 영어 그림책을 동시에 읽으면 영어의 리듬과 라임을 즐길 수 있는 기회를 잃는 셈이 되겠지요.

또한 영어책을 읽다가 모르는 단어를 만났을 때 문장 안에서 그 의미를 짐작하는 것을 여러 번 되풀이하면서 모호했던 단어가 명확하게 자리 잡는 과정의 힘을 기억하시기 바랍니다. 예를 들어 아이들이 행복한 얼굴로 커다란 빵 접시가 있는 식탁에 앉아 있는 그림을 'broke their bread'라는 표현으로 읽는 것과 '밥 먹을 때도'라는 번역으로 읽는 것에는 큰 차이가 있습니다. 한글 번역과 영어 원서를 같이 읽는다면 한글의 틀에 갇히기 때문에 그 표현이 가진 원래 의미인 '믿을 수 있는 사람과 함께하는 편안한 식사'라는 의미는 완전히 무시되겠지요.

그래서 줄리아 도널드슨(Julia Donaldson), 자넷 앨버그(Janet Ahlberg), 애나 듀드니(Anna Dewdney) 등 리듬과 라임이 강한 책을 주로 쓰는 작가들의 책은 번역본보다는 원서로 읽는 것이 좋습니다.

둘째, 음식, 식물, 동물, 작가 창조 어휘 등이 많이 나오는 책으로 영어 문장 안에서 그 의미를 자연스럽게 익히기 어려운 경우입니다.

2000년 케이트 그리너웨이 상 수상작인 로렌 차일드(Lauren Child)의 『I Will not ever Never eat a Tomato』는 편식하는 동생을 위해 온갖 재미있는 이야기를 만들어 골고루 먹게끔 하는 오빠 이야기입니다. 주된 소재가 음식이라 cauliflower, cabbage, baked beans, rice, mushroom 등 음식 이름이 주로 나오는 책입니다. 그런데 찰리가 롤라를 위해 평범한 음식에 재미있는 상상력을 불어넣다 보니 tomatoes, fishsticks, carrots, peas, mashed potato는 moonsquirters(tomatoes), ocean nibbles(fishsticks), orange twiglets(carrots), green drops(peas), cloud fluff(mashed potato) 등 아이들이 흥미를 느낄 만한 환상적인 이름으로 바뀌게 되지요. 어떠세요? 뭔지 대충 알겠는데 내가 느낀 이것이 맞는지 안 맞는지 마음이 불안하고 누군가가 딱! 정답을 주면 좋겠다 싶지요? 편식하는 아이에게 읽어 주기에 적합한 이 책은 아마존 추천 연령이 만 4세 이상이에요. 한 마디로 영어 공부 좀 하는 아이들을 위한 책이 아니라 한참 편식하는 어린 아이부터 계속해서 읽어 줄 수 있는 책이라는 뜻이지요. 문맥이나 그림만으로 어휘의 뜻을 이해하기에는 어려움이 있는 내용이고, 어릴 때부터 읽어 줄 수 있는 책이니 아이의 영어 실력이 자라기를 기다리지 말고 한글책과 펴 놓고 같이 읽어도 좋겠지요? 원서의 '후지산'이 '한라산'으로 번역된 부분도 아이와 이야기를 나눠 보고 말이지요.

에릭 칼(Eric Carle)의 그림책 『Mister Seahorse』에는 육아를 전담하는 아빠 물고기들이 많이 나오는데, 책을 통해 재미와 학습, 이 두 마리 토끼를 다 잡고자 했던 에릭 칼의 철학이 잘 녹아 있는 책입니다. 이 책에 등장하는 물고기들로는 trumpet fish, stickleback, tilapia, bullhead, kurtus, lionfish, stonefish, pipefish, leaf fish 등이 있습니다. 저는 한글로도 모르는 물고기들이라 처음 이 책을 읽을 때는 사전을 찾느라 정신이 없었답니다. 이렇게 생소한 어휘가 많이 나오는 책이라면, 역시 한글책과 같이 읽는 것이 훨씬 효율적이랍니다.

마지막으로 소개할 책은 대표적인 안티 프린세스 그림책인 배빗 콜(Babette Cole)의 『Princess Smartypants』입니다. 독신으로 살고 싶은 부유하고 아름다운 스마티 팬츠 공주는 구애자들 때문에 골치가 아픕니다.

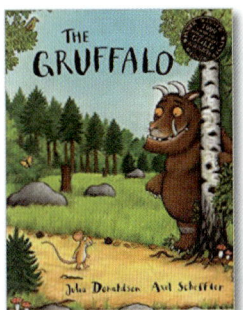
『The Gruffalo』
(Julia Donaldson, Axel Scheffler
/ Pan MacMillan)

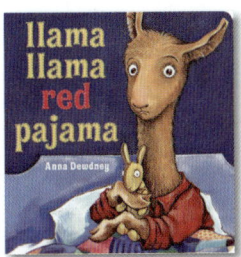
『Llama Llama Red Pajama』
(Anna Dewdney
/ Viking Children's Books)

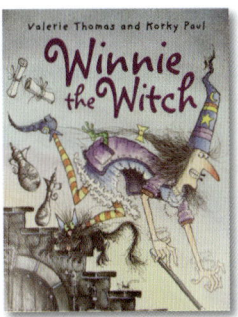
『Winnie the Witch』
(Valerie Thomas, Korky Paul
/ Oxford U.K)

『I Will not ever Never eat a Tomato』
(Lauren Child / Orchard Books)

『Zin! Zin! Zin! a Violin』
(Lloyd Moss, Marjorie Priceman
/ Simon & Schuster)

『Mister Seahorse』
(Eric Carle / Philomel)

『Princess Smartypants』
(Babette Cole
/ Penguin Putnam Books)

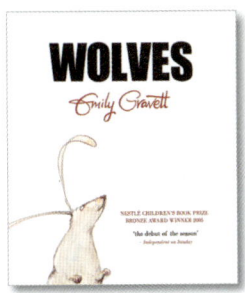
『Wolves』
(Emily Gravett
/ Pan Macmillan)

『Voices in the Park』
(Anthony Browne
/ Dk Pub)

엉거주춤 왕자, 뺀질이 왕자는 영어로 뭐지?

공주에게 구애하는 왕자들의 이름을 한번 살펴볼까요? Prince Compost, Prince Rushforth, Prince Pelvis, Prince Boneshaker, Prince Vertigo, Prince Bashthumb, Prince Fetlock, Prince Grovel, Prince Swimbladder, Prince Swashbuckle. 어떠세요? 그냥 책을 내려놓고 싶지 않나요? 하지만 한글 번역본을 펼치면 입꼬리가 슬그머니 올라가는, 결국 킥킥거리며 웃게 되는 왕자들의 이름을 만날 수 있답니다. 꾸리꾸리 왕자(Compost), 허둥지둥 왕자(Rushforth), 엉거주춤 왕자(Pelvis), 와덜덜덜 왕자(Boneshaker), 어질띵띵 왕자(Vertigo), 어설프네 왕자(Bashthumb), 말발털 왕자(Fetlock), 설설겨 왕자(Grovel), 허푸허푸 왕자(Swimbladder), 뺀질이 왕자(Swashbuckle). 맞습니다. 배빗 콜의 대표작인 이 책은 꼭 번역본과 함께 읽는 것이 좋습니다!

셋째, 글과 그림이 서로 다른 내용을 말하고 있거나 글과 그림이 합해져야 내용이 완성되는 책의 경우입니다.

아동문학의 노벨상이라는 안데르센 상을 받은 앤서니 브라운은 그림책에 대해 이렇게 말했습니다. "그림책은 글과 그림 사이의 간격을 독자가 상상력으로 메우는 완전히 새로운 장르이다." 그래서 앤서니 브라운의 그림책을 잘 이해하려면 글의 내용을 정확하게 알고, 그림으로 그 의미를 확장시킬 수 있어야 합니다. 다시 말하면 그림으로 이런 내용일 것이라고 짐작해서 책을 읽는다면 글의 의미를 엉뚱하게 해석할 수도 있다는 뜻입니다. 이렇게 글과 그림 사이의 관계에 초점을 두고 읽는 것이 좋은 그림책을 만드는 대표 작가로는 앤서니 브라운 이외에도 에밀리 그래빗, 존 클라센, 데이비드 위즈너 등이 있습니다. 모두 칼데콧 상이나 케이트 그리너웨이 상을 수상한 대작가들이지요. 그래서 이 작가들의 책을 고를 때는 아이가 글의 내용을 어느 정도 정확하게 이해하는지를 먼저 확인하는 것이 좋습니다. 아이의 영어 수준이 글을 이해하는 데에 어려움이 있다면 한글 번역서를 읽거나 쌍둥이책으로 읽는 것이 좋답니다.

글_ 정정혜

정정혜 아이들에게 그림책으로 영어를 가르친 지 어언 20여 년이 훌쩍 넘었다. 영어독서지도사 제자도 2000명이 훌쩍 넘었다. 호호할머니가 되어서도 아이들에게 영어 그림책을 읽어 주고 싶다. 저서로 『영어 그림책 공부법』, 『첫 영어 그림책』, 『Hello 마더구스』 외 다수.

"우리 지구는 모두 함께 의논해서 결정하는 것을 좋아합니다."

지구에서 살고 싶은 롱과 퐁은
서바이벌 토크쇼에 출연합니다.
우주인의 시선으로 본
지구인은 어떤 모습일까요?

바람그림책 125 롱과 퐁은 지구인이 될까요?
윤여림 글 | 김규택 그림

하세가와 요시후미의 첫 번째 자전적 이야기

"아빠, 거기서는 안 아파요?"
아빠를 그리워하는 아이의 편지로
펼쳐지는 아빠의 사랑.
애타게 기다렸던 그 그림책이 돌아옵니다.

바람그림책 126 아빠, 잘 있어요?
하세가와 요시후미 글·그림 | 고향옥 옮김

바닥이 쫙쫙 갈라진 초록연못을 도와주세요!

지진으로 물이 말라붙은 초록연못.
청개구리 박사님을 도와
연못에 사는 친구들을 구하고
생태계의 순환을 배워요.

바람그림책 124 산으로 들로 초록연못 구출 대작전
마쓰오카 다쓰히데 글·그림 | 고향옥 옮김

Tel 02-6953-5243 | Fax 031-622-9413

그림책 상 파헤치기

상상 그 이상의 상,

요즘 한국 그림책계는 축제 분위기다. 2020년 백희나 작가의 린드그렌 상 수상 소식과 2022년 이수지 작가의 안데르센 상 수상소식은 우리 사회 전체에 그림책 상에 대한 관심을 고취시켰다. 책 표지에 붙은 다양한 상 스티커를 보고 그림책을 고르는 사람도 많아졌다. 하지만 "이게 무슨 상이지?" 고개를 갸웃하는 경험도 있을 법하다. 전 세계 그림책계의 주요 상들, 여기 한 자리에 모았다. 그림책 상 정보는 이제 이 기사로 충분하다!

그림책 상

특정 작품이 아닌 생애 전체를 본다

한스 크리스티안 안데르센 상(HCAA) vs 아스트리드 린드그렌 추모 상(ALMA)

'아동문학계의 노벨상'이 있다면 바로 한스 크리스티안 안데르센 상(이하 안데르센 상)과 아스트리드 린드그렌 추모 상(이하 린드그렌 상)이다. 『인어공주』, 『성냥팔이 소녀』 등 130여 편의 사랑받는 동화를 발표해 '동화의 아버지'라 불리는 덴마크의 동화 작가 안데르센과 여성, 아동 인권 향상에 헌신한 사회 운동가이자 『내 이름은 삐삐 롱스타킹』으로 세계적인 사랑을 받은 스웨덴의 동화 작가 린드그렌, 아동문학계의 거장 두 사람을 각각 기리는 상이다. 안데르센 상은 오랜 역사로, 린드그렌 상은 6억 원 상당의 상금으로도 유명하다. 두 상 모두 특정한 작품 한 권이 아니라 생존 작가(심사 당시)의 생애 전체 작품을 대상으로 아동문학에 대한 지속적인 기여도, 예술적 가치를 살펴 수상자를 결정하기 때문에 세계적 권위를 인정받는다. 모리스 샌닥(1970년 안데르센 상, 2003년 린드그렌 상), 볼프 에를부르흐(2006년 안데르센 상, 2017년 린드그렌 상), 재클린 우드슨(2020년 안데르센 상, 2018년 린드그렌 상) 등 한 작가가 두 상을 같이 수상한 사례도 많다.

1956년에 제정된 안데르센 상은 『보리와 임금님』의 엘리너 파전(1956년)을 첫 수상자로 시작해 IBBY[1] 주관

2022년 안데르센 상 이수지 작가
독보적인 참신성과 새로운 시도를 바탕으로 한 작품성을 인정받았다.

『여름이 온다』(이수지 / 비룡소)

---

[1] IBBY(국제아동청소년도서협의회): 아동 청소년 도서를 통해 국제적 이해를 돕고 수준 높은 아동 청소년 도서 출판, 연구, 발전을 돕는 국제 비영리 단체. 1953년 설립. 한국엔 KBBY가 있다.

아래 2년에 한 번씩 아동문학에 지속적인 기여도, 문학적 성취, 새로운 시도, 참신성 등을 살펴 글 작가, 그림 작가를 뽑아 시상한다. 이런 심사 기준에 따라 아스트리드 린드그렌(1958년), '무민 시리즈'의 토베 얀손(1966년), 앤서니 브라운(2000년) 등 아동문학계의 거장들이 대거 수상했다. 한국의 주식회사 남이섬이 2009년부터 공식 후원을 하고 있다. 상금은 따로 없지만 덴마크 여왕이 수상자에게 증서와 메달을 직접 수여한다. 제본선이라는 책의 물성을 토대로 환상과 현실을 넘나드는 어린이의 세계를 보여 준 경계 3부작 시리즈(『거울속으로』, 『그림자놀이』, 『파도야 놀자』 / 비룡소), 음악과 연결하여 그림책의 예술성이 직관적으로 독자에게 전달되는 『여름이 온다』(비룡소) 등 그림책의 표현 영역을 계속 확장하고 있는 이수지 작가는 그림 작가 부문에서 2016년에는 안데르센 상 최종 후보에 올랐으며, 2022년에는 한국인 최초로 안데르센 상 수상자가 되었다.

	한스 크리스티안 안데르센 상 (안데르센 상, HCAA)	아스트리드 린드그렌 추모 상 (린드그렌 상, ALMA)
역사	1956년 제정	2002년 제정
주관처	IBBY	스웨덴 예술 위원회(정부 주관)
평가 범위	아동문학 작가의 전체 작품 (심사 당시 생존 작가일 것)	
선정 기준	아동문학에 지속적인 기여도 새로운 시도, 참신성	린드그렌의 인도주의적 가치 계승 예술적 자질
수상 대상	글 작가(1956년부터), 그림 작가(1966년 이후)	작가, 스토리텔러, 독서 운동가·단체 중 선정
수상 발표	2년(짝수 년도)에 한 번 볼로냐 도서전 개막식에 발표	매년 시상 볼로냐 도서전 개막식, 스웨덴 동시 발표
시상식	IBBY 국제 총회에서 시상식 금메달과 증서 수여, 상금 없음	5월 스웨덴 스톡홀름에서 시상식 500만 스웨덴크로나(6억 원 상당), 일러스트 상패
최근 수상자	2022 마리 오드 뮈라이(글 작가) 이수지(그림 작가)	2020 백희나(작가) 2022 에바 린드스트룀(작가)

유서 깊은 안데르센 상은 2년마다, 단체에게도 주는 린드그렌 상은 상금 짱짱

린드그렌 상은 2002년 린드그렌 작가 사망 직후 스웨덴 정부 주관으로 제정한 상으로 영문 앞 글자를 따서 알마(ALMA) 상이라 불리기도 한다. 대중에게는 그림책 상 중 가장 상금이 많은 상(한화 6억 원 상당)으로도 유명하다. 아동문학을 통해 린드그렌 작가의 평화, 민주주의, 인본주의적 가치를 계승하는 것을 목표로 하여 수상 후보를 글, 그림 작가에만 한정하지 않고 스토리텔러, 독서 운동가까지 포함하고 있다. 남아프리카, 팔레스타인 등 열악하고 위급한 환경에 있는 아동들에게 아동문학으로 희망을 선사하는 독서 운동 단체들이 세계적인 작가들과 함께 수상자 대열에 오른다. 이런 수상자의 면면은 '스웨덴 국민이 세계에 주는 상'이라 부르며 상업적 후원 없이 국민의 세금만으로 상금을 조성하는 스웨덴 국민의 자부심이 드러나는 부분이다. 인형을 활용해 애니메이션 영화를 보는 듯한 표현력, 기발한 상상력과 유머를 통해 어린이의 세계를 존중하고 다양한 가족상 제시, 연대의 힘을 보여 주는 등 폭넓은 독자층에게 사랑받는 백희나 작가는 2020년 한국인 최초로 린드그렌 상을 수상했다.

2020년 ALMA(린드그렌 상) 백희나 작가
코로나19로 연기된 ALMA 시상식이 2021년 2월 1일 열렸다. ALMA는 수상자에게 스웨덴의 예술가들이 수상자의 작품에서 영감을 받아 표현한 일러스트 상패를 수여한다. 『구름빵』, 『장수탕 선녀님』, 『어제저녁』, 『삐약이 엄마』, 『나는 개다』의 주인공들이 보인다. (사진: ALMA 스웨덴 예술 위원회 제공)

조심! 인터넷에는 잘못된 상 정보가 너무 많아요

미국 칼데콧 상 vs 영국 케이트 그리너웨이 상

영미 문화권 그림책 상의 쌍두마차가 있다. 19세기 그림의 중요성을 인식해 글과 그림이 유기적인 조화를 이룬 그림책을 만들어 '현대 그림책의 시작'을 알린 랜돌프 칼데콧의 이름을 붙인 미국의 칼데콧 상과 대중에게 사랑받는 그림책의 정형적인 이미지를 만든 케이트 그리너웨이의 이름을 붙인 영국의 케이트 그리너웨이 상이다. 두 상 모두 현장에서 독자들과 가장 가까이 만나는 도서관과 사서를 중심으로 한 도서관협회에서 주관한다. 칼데콧 상(미국)과 케이트 그리너웨이 상(영국)은 전년도에 출간된 그림책을 심사해 우수한 그림책의 그림 작가에게 상을 수여한다. 짧은 분량의 함축된 글 속의 주제와 서사를 그림 작가가 어떻게 해석하고 표현했는가, 그림 자체의 예술성 등을 살펴본다. 수상 기준이 그림이란 것을 몰랐던 독자들은 수상작의 그림은 멋지지만 아이의 반응이 시큰둥하거나 책 내용이 어렵다며 실망하는 경우도 있다.

미국의 칼데콧 상은 그림책에 부착된 금·은색 원형 스티커로 국내 독자들에게 매우 친근하다. 1938년에 제정되어 『씩씩한 마들린느』(1940), 『작은 집 이야기』(1942) 등 1940년대 수상작부터 『괴물들이 사는 나라』(1964)의 모리스 샌닥, 『리디아의 정원』(1998)의 데이비드 스몰, 『안녕, 나의 등대』(2019)의 소피 블랙올에 이르기까지 80여 년의 역사 아래 많은 독자들에게 사랑

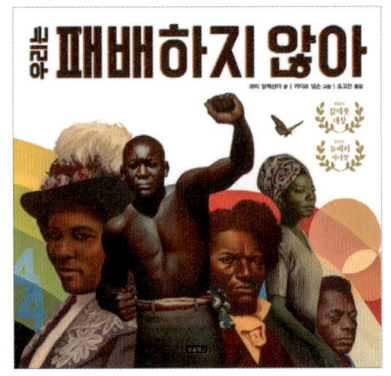

2021 칼데콧 대상
『우리는 패배하지 않아』
(콰미 알렉산더 글, 카디르 넬슨 그림 / 보물창고)

2021 케이트 그리너웨이 상
『괜찮을 거야』(시드니 스미스 글, 그림 / 책읽는곰)

받은 그림책이 그득하다. 비공개 심사를 통해 칼데콧 대상(Winner, 금색 스티커) 1권, 우수상에 해당하는 3~4권의 칼데콧 명예상(Honor, 은색 스티커)이 선정된다. 수상작이 발표될 때까지 많은 출판 관계자, 언론사, 도서관에서 독자들의 높은 관심 속에 수상작 후보작을 뽑고 모의 투표를 하는 등 칼데콧 상 선정 과정 전체가 그림책 축제의 장이 된다. 이처럼 칼데콧 상은 출판계에 끼치는 영향력도 크고 대중적으로 인기도 높다. 하지만 후보작의 조건을 미국 시민권자, 미국 국내 거주자인 작가의 작품, 미국 출판사의 영문 출간 작품으로 제한하기 때문에 미국 내에서도 수상작의 폐쇄성과 지역적 한계에 대한 비판의 목소리가 커지고 있다.

영국의 케이트 그리너웨이 상은 1955년 제정되어 첫 수상자 『외톨이가 된 꼬마 팀』(1956)의 에드워드 아디존을 비롯해 브라이언 와일드 스미스, 존 버닝햄, 앤서니 브라운, 에밀리 그래빗 등 영국 유명 그림 작가들이 수상했다. 케이트 그리너웨이 상 수상자는 메달과 수상자의 이름으로 도서관에 기증되는 500파운드의 도서를 부상으로 받는다. 또한 수상자에게는 콜린 미어스 상과 5000파운드(800만원 상당) 상금이 함께 수여된다.

	칼데콧 상	케이트 그리너웨이 상
역사	1938년 제정	1955년 제정, 1956년 첫 수여
주관처	미국도서관협회(ALA)[1]의 ALSC[2]	도서관정보협회(CILIP)[3]
선정 기관	ALA 칼데콧 메달 선정위원회 (15명, 사서 및 다양한 전문가)	CKG[4] 심사위원회 (15명, 영국 전역의 사서로 구성)
선정 기준	전년도 출간된 그림책 중 일러스트의 예술성, 표현성	
수상 대상	그림 작가	그림 작가
시상 방식	매년 ALA 연례 회의에서 시상	매년 6월에 시상
부상	칼데콧 메달 (대상: WINNER / 명예상: HONOR)	메달 / 500파운드 상당의 도서 (수상자 이름으로 도서관 기증)
최근 수상자	2022 제이슨 친 『물냉이』	2021 시드니 스미스 『괜찮을 거야』

1) ALA: 세계에서 가장 오래되고 큰 규모의, 도서관 정보 제공, 사서 교육을 위한 미국도서관협회
2) ALSC: 미국도서관서비스협회(ALA 분과)
3) CILIP: 공익을 위해 영국의 도서관 서비스, 정보를 개발하는 도서관정보협회
4) CKG: 카네기 상과 케이트 그리너웨이 상 약칭
*영미 문화권의 글 작가에게 수여되는 유명 아동문학상은 뉴베리 상(미국), 카네기 상(영국)이 있다.

후보작의 조건을 전년도 영국에서 출간된 영문 도서로 제한하지만 외국 출판사의 외국어 도서도 초판 3개월 내 영국에 영어로 출간되면 포함시킨다. 이러한 조건으로 최근 수상자 폭이 넓어지고 후보작들이 더욱 다채로워지고 있다.

미국에서 활동하는 작가 존 클라센은 『이건 내 모자가 아니야』(존 클라센 글, 그림 / 시공주니어)로 칼데콧 대상(2013)과 케이트 그리너웨이 상(2014)을 동시 수상하였다.

지금 핫한 그림책, 떠오르는 작가가 여기 다 있다

볼로냐 라가치 상 vs BIB(브라티슬라바 일러스트레이션 비엔날레)

전 세계 출판사들의 최근 그림책 경향, 신진 그림 작가들의 작품을 한눈에 보고 싶다면 관심을 기울여야 하는 상들이 있다. BIB와 세계에서 가장 큰 규모의 국제아동 도서전을 기반으로 한 볼로냐 라가치 상이다. 두 상 모두 최근 몇 년간 한국 그림책 작가들의 눈부신 활약이 돋보인다.

출판사들의 저작권 거래 시장에서 출발한 볼로냐 라가치 상은 그래픽과 편집 우수성이 돋보이는 '책의 완성도'를 살펴 우수한 일러스트레이션 아동 도서를 선정한다. 수상작에 대한 상패는 출판사에게 수여된다. 또한 수상작은 도서전을 통한 대대적인 홍보 효과로 출판사 국제 저작권 계약에 유리한 위치에 서게 된다. 볼로냐 라가치 상은 4개의 분야, 픽션(창작), 논픽션(지식정보책), 오페라 프리마(신인상, 데뷔작에 수여), 코믹스(2020년 새로 신설, 3개 연령대로 구분, 만화 분야) 부

2021 볼로냐 라가치 상 논픽션 우수상
『모모모모모』(밤코 글, 그림 / 향출판사)

문에 대상(Winner), 우수상(Special mention, 3~4명)을 수여한다. 뉴호라이즌 상(혁신적이고 창의적인 아이디어를 보여 주는 작품) 수여와 매해 특별 분야를 정해 수상작 선정으로 그림책의 경계를 넓혀가고 있다. 특별 분야는 주제를 정해 1, 2년 정도 지속하거나 비정기적으로 이어간다. 예술·건축·디자인(2017년 이후), Book & Seeds(생명, 환경 분야, 2015년 이후), 시네마(2020년) 등에 이어 2021년부터는 시를 선정, 심사위원 상을 수여하고 있다. 한국 그림책은 2004년 논픽션 『지하철은 달려온다』(신동준 글, 그림 / 초방책방 / 우수상)가 첫 번째로 수상한 이래 2011년 논픽션 『마음의 집』(김희경 글, 이보나 흐미엘레프스카 그림 / 창비)이 첫 대상 수상을 했고 분야별로 많은 수상작이 배출되고 있다. 2022년에는 『여름이 온다』(이수지 / 비룡소)가 픽션 우수상을, 『커다란 손』(최덕규 글, 그림 / 윤에디션)이 논픽션 우수상을 수상했다.

2021 볼로냐 라가치 상 코믹스 대상
『이파라파냐무냐무』(이지은 글, 그림 / 사계절)

	볼로냐 라가치 상(BRA)	BIB(브라티슬라바 일러스트레이션 비엔날레)
역사	1966년, 도서전과 함께 시작	1967년 제정
주관처	볼로냐 국제아동도서전 주최	슬로바키아 문화부, IBBY, 유네스코 후원으로 개최
선정 기준	출판 우수성, 내용, 미술적 표현의 우수성	그림책의 예술적 가치, 새로운 시도 중시
시상 방식	도서전 개막식에서 발표	2년에 한 번(홀수 년도에 개최) BIB 개막식에서 시상
부상	상패(출판사에 수여)	상금과 상패, 증서(그림 작가에게 수여)

BIB(Biennial of Illustration Bratislava)는 격년제(홀수해)로 열리는 국제 그림책 원화 공모전으로 슬로바키아의 수도 브라티슬라바에서 열리는 그림 작가들의 축제이다. 일러스트레이션 완성도와 예술성에 주목하여 그림책의 원화를 심사해 대상, 황금사과상(5명), 황금패상(5명) 등 그림 작가 개인에게 수여한다. 1967년 이후 두산 칼라이, 에릭 바튀, 로라 칼린 등 유수의 작가들이 수상해 왔다. 한국의 경우 1987년 『사막의 공룡』 강우현 작가(황금패상)의 첫 수상 이후 2011년 『달려 토토』 조은영 작가의 대상 수상, 2021년 『내일은 맑겠습니다』 이명애 작가의 황금사과상 수상 등, 2011년부터 한국 작가들이 6회 연속 수상하는 쾌거를 이루었다. 아이와 미술관 나들이가 아직 힘들고 자신 없다면 한 권의 화집처럼 다양한 재료와 기법을 사용해 그림책의 예술성을 잘 보여 주는 BIB 수상작 그림책을 권하고 싶다.

2011 BIB 대상
『달려 토토』(조은영 글, 그림 / 보림)

2021 BIB 황금사과상
『내일은 맑겠습니다』(이명애 글, 그림 / 문학동네)

2020 나미 콩쿠르 대상
『전쟁』(조제 조르즈 레트리아 글,
안드레 레트리아 그림 / 그림책공작소)

그리고 나미 콩쿠르

남이섬 국제 그림책 일러스트레이션 공모전

한국에서 세계 그림책 작가들의 작품을 만나 볼 수 있는 나미 콩쿠르의 성장세도 꾸준하다. 남이섬은 안데르센 상 공식 후원사로 세계 책나라 축제(2005년부터, 격년제)와 나미 콩쿠르를 주최하고 있다. 나미 콩쿠르는

2013년(1회) 42개국 619점 응모에서 2021년 95개국 2,069점 응모로 5회 행사(격년 개최)를 치르며 꾸준히 성장하고 있다. 참가 조건에 제한이 없고 자유 주제, 디지털 출품(작품당 5매) 가능 등 개방적이고 쉬운 참가 방식으로 세계 작가들의 호응을 얻고 있다. 완성도, 작가 정신, 일관성, 표현력 등을 기준으로 심사하여 나미콩쿠르 그랑프리(대상), 골든아일랜드(금상), 그린아일랜드(은상) 수상자에게는 상패와 상금을, 퍼플아일랜드(동상)에게는 상장과 상패를 수여한다.

아이들이 열광하는 책을 찾는다면 바로 이 상

뉴욕타임스 베스트 상 vs 보스턴글로브 혼북 상 vs 일본 그림책 상

언론 매체는 도서 관련 코너를 통해 신간 소식과 관련 기사, 인터뷰, 서평 등 다양한 정보를 독자들에게 빠르게 전해 준다. 독자들의 높은 신뢰와 관심 속에 주요 일간지들의 그림책 상 수상 작가는 유명세를 타고 책 판매에도 파급 효과가 크다.

	뉴욕타임스 베스트 상	보스턴글로브 혼북 상	일본 그림책 상
주관처	1952년부터 뉴욕타임스(NYT) 주관	1967년부터 보스턴글로브 신문사	1995년부터 마이니치 신문사
	뉴욕 공립 도서관(NYPL) 제휴(2017년 이후)	혼북 매거진 공동 주관	전국 학교도서관협회 공동 주관
선정 기준	예술성에 주목	글과 그림의 조화	예술성, 출판 발전 기여도
수상 대상	그림책 10권 선정	대상, 명예상 2권	대상 / 그림책상 / 번역상 / 독자상
수상 방식	11월 10일, NYT 선데이 북리뷰 아동 도서 섹션에 발표	매년 6월 발표 대상: 500달러, 실버 보울 명예상: 실버 플레이트	매년 3월 발표 상장, 상패, 상금 수여

다양한 사회와 문화에 대한 이해, 시민 의식까지 그림책 상으로 챙겨 보자

그림책은 때론 현실을 비추는 거울이자 한 사회의 정치, 문화의 역량을 보여 주는 바로미터가 되기도 한다. 다양한 인종, 계층의 이야기를 잘 담아낸 그림책들은 세상을 보는 눈과 시민 의식을 길러 준다.

미국의 에즈라 잭 키츠 상은 자신의 저작권 수입이 사회 공헌을 위해 쓰여야 한다는 에즈라 잭 키츠의 유지를 담아 만들어진 상이다. 1962년 흑인 어린이가 그림책 주인공으로 최초로 등장한 책 『눈 오는 날』(에즈라 잭 키츠 글, 그림 / 비룡소)을 비롯해 평생 다문화 배경의 어린이가 등장하는 그림책을 만든 에즈라 잭 키츠를 기념하여, 다양한 인종과 문화 배경 속에 가족의 힘을 강조하는 그림책을 만든 신진 글, 그림 작가(3권 이하 출간)에게 수여된다.

2022 에즈라 잭 키츠 명예상(그림 작가)
『하나의 작은 친절』
(마르타 바르톨 글, 그림 / 소원나무)

ALA(미국도서관협회)는 미국 사회 구성원들의 원뿌리 문화(아프리카계, 라틴계, 아시아태평양계, 유대계 등)와 사회 문화를 반영하는 여러 그림책 상을 수여한다. 그중 코레타 스콧 킹 그림책 상은 남편 마틴 루터 킹 목사와 함께 평화와 인권 운동에 헌신한 코레타 스콧 킹 여사를 기려 이름 붙인 상이다. 아프리카계 문화와 보편적인 인간 가치를 그림책 속에 담아낸 아프리카계 미국인 작가(글, 그림 작가)에게 상을 수여한다. 수상작에는 인종 차별에 대한 저항, 아프리카계 문화, 혈통에 대한 자긍심이 담긴 작품들이 많다. 푸라 벨프레 상은 도서관

2021 코레타 스콧 킹 명예상(그림 작가)
『엄마랑 나랑』(코즈비 A. 카브레라 글, 그림 / 비룡소)

을 중심으로 라틴계 문화 보존과 이해에 힘쓴 공립 도서관 최초 라틴계 사서이며 스토리텔러, 작가였던 푸라 벨프레를 기려 이름 붙인 상이다. 이 상은 그림책 속에 라틴계 문화를 훌륭하게 표현한 라틴계 미국인 작가(글, 그림 작가)에게 수여된다. 또한 도서관 점자책의 도움으로 고등 교육 과정을 수료할 수 있었던 시각 장애인 캐서린 슈나이더 박사는 장애인과 장애에 대한 이해를 돕기 위해 슈나이더 패밀리북 상을 만들었다. 슈나이더 패밀리북 상은 다양한 시선의 장애 체험 경험(장애인, 장애인 가족, 생활 전반 등)을 깊이 있게 담아낸 우수 그림책에 수여한다. 이런 상들을 통해 ALA는 그림책이 소통과 이해의 통로 역할을 할 수 있도록 돕고 있다.

다양한 그림책 상, 그 이면에는 어린이 독자와 그림책을 더 가깝게 연결하기 위한 작가와 출판사, 많은 사람들의 노력이 있다. 그중 도서관을 중심으로 한 민간 단체의 적극적인 활동이 돋보인다. 우리나라에도 이렇게 독자와 함께하는 그림책 상이 생겨나길 희망한다. 그림책은 어린이들과 책 읽어주는 어른들이 만나는 즐거운 마법의 문, 세상을 바라보는 창문이자, 훌륭한 예술 작품이기도 하다. 이들이 떠나는 그림책 여행에 그림책 상이 좋은 이정표가 되어 주길 기대한다.

2019 푸라 벨프레 상(그림 작가)
『꿈을 찾는 도서관』(유이 모랄레스 글, 그림 / 비룡소)

2021 슈나이더 패밀리북 상
『나는 강물처럼 말해요』
(조던 스콧 글, 시드니 스미스 그림 / 책읽는곰)

그림책 상 실전편. 스티커만 보아도 알아요

『행복을 나르는 버스』
(맷 데 라 페냐 글, 크리스티안 로빈슨 그림 / 비룡소)

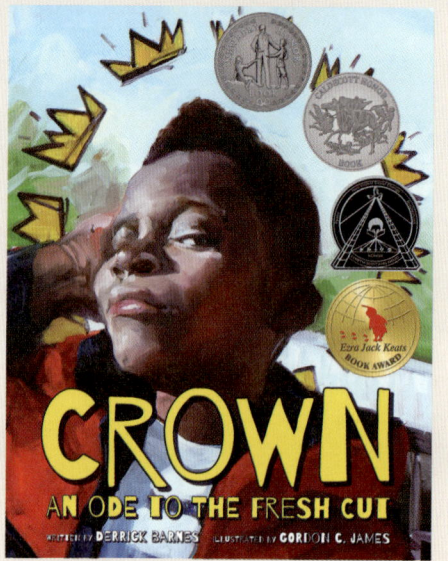

『Crown: An Ode to the Fresh Cut』
(Derrick Barnes, Gordon C. James /
Denene Millner Books)

교통 표지판처럼 붙은 상 스티커가 돋보이는 이 책은 2016년 뉴베리 대상, 칼데콧 명예상을 동시에 수상했다. 문학성이 우수한 아동문학 작품에 수여하는 뉴베리 상은 글밥이 많은 아동문학 도서가 주로 선정되는데 이 책은 그림책으로 최초로 수상할 만큼 글의 아름다움과 서정성이 뛰어나다. 글 작가가 전하는 '더불어 사는 세상 속 행복'을 그림 작가가 콜라쥬 기법의 그림으로 조화롭게 구현해 칼데콧 명예상을 수상했다. 책장을 펼쳐 보지 않아도 코레타 스콧 킹 명예상(그림 작가 부문) 스티커로 보아 아프리카계 미국인 가정의 어린이가 등장하는 이야기를 아프리카계 미국인 그림 작가가 표현한 그림책임을 알 수 있다.

표정과 자세에서 자신감을 뿜어내는 아프리카계 미국인 소년의 머리 위로 그림책 상 스티커 여러 개가 반짝인다. 2018년 칼데콧 명예상, 뉴베리 명예상, 코레타 스콧 킹 명예상, 에즈라 잭 키츠 상 수상까지 다수의 스티커가 전해 주는 이야기가 한가득이다. 에즈라 잭 키츠 상 스티커를 통해 이 책이 3권 이하를 출간한 작가의 작품임을 알 수 있다. 글과 그림의 멋진 조화를 보여 주는 이 책은 뉴베리 명예상과 칼데콧 명예상 수상을 더했다. 또한 이 책은 에즈라 잭 키츠 상, 코레타 스콧 킹 명예상을 글 작가, 그림 작가가 각각 받아서 스티커를 작가별로 제각각 부착 가능하기에 제목처럼 스티커 왕관 씌우기도 가능한 책이다.

글_ 오현수

철학, 역사, 과학, 예술, 신화, 경제, 행복, 죽음, 사랑, 관계 등

인문학적 사고와 **문해력**을 확장시키는
24가지 주제별 그림책 읽기

...

꽃님에미 전은주 추천!

"이 책의 가장 귀한 점은 독서 목록이 아니다.
아이들과 대화하는 법, 그 자체이다."

— **전은주** 『라키비움J』 발행인

수천 권의 그림책과 동화책을 읽은
독서교육 기획자 문화라 작가의 신간
아이들과 나눈 생생한 대화 수록!

질문의 힘을 키우는
초등 그림책 인문학

문화라 지음

북하우스 서울시 마포구 양화로 12길 16-9 북앤빌딩 3층   02-3144-3123   @bookhousebook

獻詞列傳

그림책은
종종 누군가에게 바쳐진다.
가족에게 **스승**에게
때로는
조상님이나 **반려동물**,
온 지구상의 **어린이**들에게.
특별한 헌사들을
유형별로 모아 보았다.

가족 헌사형 # 1: 가장 흔하면서도 가장 감동적인 헌사의 유형이다. 부모님은 당연하고 배우자, 자녀, 종종 대를 올라가 조부모나 친척들까지, 그 대상은 다양하다.

> 항상 고맙고 미안한 건 오야, 사랑한다
>
> — 『우주로 간 김땅콩』
> (윤지회 글, 그림 / 사계절)

> "하늘만큼, 땅만큼, 우주만큼, 사랑하는 건오에게."
>
> — 『도토리랑 콩콩』
> (윤지회 글, 그림 / 미래엔아이세움)

♥ 2018년 2월 위암 말기 선고를 받고 2년여의 힘든 투병 끝에 하늘의 별이 된 윤지회 작가. 작가는 투병 중에도 두 권의 그림책을 출간했는데 모두 사랑하는 아들 건오에게 헌사를 남겼다. 간절한 마음으로 작품을 그리고 평생 전하고도 남을 사랑을 꾹꾹 눌러 담아 헌사에 남겼을 작가의 마음을 생각하니 선 하나, 채색 하나가 예사롭지 않게 보인다.

> 나의 아내 하이디. 그리고 친구이자 스승인 '전설의 삼촌' 필립 헤이스에게
>
> — 『줄무늬가 생겼어요』
> (데이빗 섀논 글, 그림 / 비룡소)

♥ 섀논은 열 살이 되던 해 삼촌 필립으로부터 일러스트레이터 뉴웰 컨버스 와이어스(N. C. Wyeth)가 그림을 그린 『The Boy's King Arthur』를 선물받았는데, 그 책에서 봤던 이미지들이 지금까지의 작업에 큰 영감을 주었다고 한다.

미우나 고우나 내 살붙이 아내,
기쁘나 슬프나 내 피붙이
딸아이에게 이 책을 바칩니다

— 『입이 똥꼬에게』
(박경효 글, 그림 / 비룡소)

보브 할아버지께
바칩니다

— 『오른발, 왼발』
(토미 드 파올라 글, 그림 / 비룡소)

1927년에 태어난 나의
어머니와 그 시대를 살았던
조상들에게 삼가 이 책을
바칩니다

— 『경극이 사라진 날』
(야오홍 글, 그림 / 사계절)

하늘나라에서 보고 계실
시아버님과 뱃속에 있는
나의 열매에게 — 김선남

— 『은행나무처럼』
(김소연 글, 김선남 그림 / 마루벌)

나의 어릴 적 이야기를 늘
듣고 싶어 하는 딸에게

— 『폭설』
(존 로코 글, 그림 / 다림)

"지칠 줄 모르고 걷는
나의 아버지에게"

— 『어떤 약속』
(마리 도를레앙 글, 그림 / J터재능교육)

스승의 은혜형 # 2: 불안한 갈림길에서 길을 비춰 준 스승에게 바치는 헌사

> 내가 느끼는 대로 그림을 그리게 해 주신 첫 번째 미술 선생님께 이 책을 바칩니다.
>
> — 『느끼는 대로』
> (피터 레이놀즈 글, 그림 / 문학동네)

> Dedicated to Mr. Matson, my 7th grade math teacher, who dared me to make my work.
>
> — 『The dot』
> (Peter H. Reynolds / Candlewick)

♥ 안타깝게도 번역본에는 헌사가 빠졌지만 원서에는 선생님께 남기는 헌사가 있다. 피터 레이놀즈, 좋은 스승님을 많이 만난 복 받은 사람이었어!

> 진짜 폴커 선생님인 조지 펠커에게 바칩니다. 선생님은 영원히 나의 영웅입니다.
>
> — 『고맙습니다, 선생님』
> (패트리샤 폴라코 글, 그림 / 미래엔아이세움)

♥ 책을 사랑하지만 난독증으로 글을 읽지 못하는 아이 트리샤와 그런 트리샤를 끝내 빛의 세계로 이끌어 주는 폴커 선생님에 대한 이 이야기는 작가 패트리샤 폴라코의 자전적인 이야기로 알려져 있다. 난독증을 이겨 내고 그림책 작가가 되어 만든 이 책 자체가 선생님께 바치는 헌사라고 할 수 있다.

> 사랑하는 토마스 웨인 선생님과 조셉 트렌치나 선생님을 그리워하며
>
> — 『오늘은 내가 스타!』
> (패트리샤 폴라코 글, 그림 / 나는별)

패트리샤 폴라코

♥ 이 책 역시 난독증으로 인해 자신감이 없던 작가의 학생 시절 실화를 바탕으로 한 책이다. 많은 좌절의 순간에 참 좋은 스승을 만난 패트리샤 폴라코 작가, 부럽다!

We are the World 형 #3: 한두 명이 아닌 다수를 포함하는 통 큰 헌사

쫌 이상한 그대에게

— 『쫌 이상한 사람들』
(미겔 탕코 글, 그림 / 문학동네)

♥ '어, 나한테 헌사를?' 하고 생각하는 독자가 많을 책이다.

이 책을 나에게 영감을 준 모든 위대한 화가들에게 바칩니다

— 『미술관에 간 윌리』
(앤서니 브라운 글, 그림 / 웅진주니어)

한 번이라도 화를 내 본 모든 어린이, 엄마, 아빠, 할머니, 할아버지, 고모, 이모, 삼촌에게

— 『소피가 화나면, 정말 정말 화나면』
(몰리 뱅 글, 그림 / 책읽는곰)

♥ 『미술관에 간 윌리』는 그림책 속 주인공의 심리나 상황을 묘사하는 데에 명화를 자주 이용하는 앤서니 브라운이 다수의 명화를 본격적으로 위트 있게 재해석한 작품. 그에게 영감을 준 화가들에게 헌사를 바칠 만하다.

제주 4.3 사건으로 희생된 모든 분께 바칩니다

— 『나무 도장』
(권윤덕 글, 그림 / 평화를품은책)

이해받지 못한 이 세상 모든 선생님들과 이해받지 못한 이 세상 모든 어린이들에게

— 『선생님은 몬스터!』
(피터 브라운 글, 그림 / 사계절)

유명인 소환형 #4: 이름만 들어도 아~ 하는 유명인이 등장하는 헌사

아마존의 열대 우림을 지키려
애썼던 체코 멘데스에게

— 『야, 우리 기차에서 내려!』
(존 버닝햄 글, 그림 / 비룡소)

이 책이 나오기까지 좋은 텃밭을
마련해 준 토지문화관의
故박경리 선생님과 글벗들,
우리 천연 염색의 빛깔을 알게
해 준 강영숙 선생님, 민화라는
이름 아래 살다 간 수많은 이름
없는 화가들과 이 책에 영감을
준 히치콕, 앤디 워홀, 마그리트,
뱅크시에게

— 『피노키오는 왜 엄펑소니를 꿀꺽했을까?』
(박연철 글, 그림 / 사계절)

♥ 이 책은 1989년 일본에서 열린 EXPO90을 위해 일본 최초의 증기 기관차인 '요시츠네'를 주인공으로 그림책을 만들어 달라는 '서일본여객철도주식회사'(JR니시니혼)의 의뢰로 일본에서 처음으로 출간된 책이다. 하지만 증기 기관차는 거들 뿐, 멸종 위기에 처한 동물들이 환경 오염에 대해 이야기한다. 존 버닝햄은 경제 논리에 의해 아마존 밀림을 파괴하려는 목장주들에게 맞서 목숨을 걸고 투쟁하다가 1988년 살해당한 치코 멘데스에게 헌사를 바쳤다.

내 어린 시절 영웅
로봇 태권브이에게

— 『지구를 지켜라』
(박연철 글, 그림 / 시공주니어)

생물 Vs. 무생물형 #5: 꼭 사람에게 헌사 쓰라는 법 있나요?

세상의 모든 호랑이들을 위해

— 『호랑이 씨 숲으로 가다』
(피터 브라운 글, 그림 / 사계절)

이 지구는 우리 부모로부터 물려받은 것이 아닙니다. 앞으로 우리가 낳아 기를 우리 아이들에게 빌려 쓰고 있는 것일 뿐이지요

— 『거인 사냥꾼을 조심하세요!』
(콜린 맥노튼 글, 그림 / 시공주니어)

집을 잃어버린 모든 멧돼지들에게 이 책을 바칩니다

— 『지혜로운 멧돼지가 되기 위한 지침서』
(권정민 글, 그림 / 보림)

For zero—who should be at the start of every counting book

— 『I can only draw worms』
(Will Mabbitt / Penguin Workshop)

♥ 재치 있는 영어 카운팅북인 이 책에 0은 등장하지 않는다. 미안해서였을까. 이 책의 헌사는 0에게 바쳐졌다.

오랜 세월에 걸쳐 고운 심성과 끈기를 지니고 뉴욕 공립 도서관 앞에서 맨해튼을 내려다보고 있는 두 사자, 레녹스 경과 에스터 부인에게 이 책을 바칩니다.

— 『앤디와 사자』
(제임스 도허티 글, 그림 / 시공주니어)

♥ 세계에서 네 번째로 큰 도서관인 뉴욕 공립 도서관 본관 문 앞을 지키는 두 마리 사자상은 도서관의 설립자를 기리기 위해 각각 Leo Astor, Leo Lenox 라고 이름 붙여졌다. 이 사자상들은 둘 다 수컷이지만 Lady Astor와 Lord Lenox로 이름이 변경되었고 대공황 시대를 지나며 뉴욕 시민들을 응원하는 마음을 담아 Patience(인내)와 Fortitude(용기)라는 별명을 갖게 되었다. 도서관의 심볼이 된 이 사자상은 많은 그림책 작가에게 상상력과 영감을 주며 그림책의 주인공으로도 종종 등장한다. 초판 발행이 1938년인 이 작품 역시 뉴욕 공립 도서관의 두 사자에게 영감을 받아 만들어졌다.

뉴욕 공립 도서관의
두 마리 사자상 중 '용기'
(사진 출처: 미국 의회 도서관)

선배, 동료에게 감사형 # 6: 그림책을 만드는 데 큰 영감을 준 동료나 선배에게 바치는 헌사

For Leo Lionni 1978

- 『Watch out! A giant!』
(Eric Carle / Little Simon)

♥ 레오 리오니는 에릭 칼을 그림책 세상으로 인도한 은인 같은 존재로 알려져 있다.

존 클라센에게 – 맥 바넷

- 『레오, 나의 유령 친구』
(맥 바넷 글, 크리스티안 로빈슨 그림 / 사계절)

♥ 맥 바넷과 존 클라센은 정식 작가로 데뷔하기 이전, 한 출판인이 주선한 파티에서 처음 만나 급속히 친구가 되었다. 지속적인 우정을 쌓아 오던 둘은 2012년 『애너벨과 신기한 털실』을 시작으로 2014년 『샘과 데이브가 땅을 팠어요』를 성공적으로 협업하며 커리어와 우정 모두 탄탄하게 쌓아 갔다. 이 책은 『샘과 데이브가 땅을 팠어요』 출간 직후인 2015년에 발간되었고 맥 바넷은 이토록 소중한 친구 존 클라센에게 헌사를 남겼다.

태백 아저씨는 책 앞표지부터 뒤표지까지 구멍이 뚫려 있는 『구멍 있는 책』을 쓴 피터 뉴웰에게 이 책을 바친대요.

- 『옛날 옛날에 파리 한 마리를 꿀꺽 삼킨 할머니가 살았는데요』
(심스 태백 글, 그림 / 베틀북)

♥ 심스 태백은 오래된 동요 가사로 만든 구멍책인 『옛날 옛날에 파리 한 마리를 꿀꺽 삼킨 할머니가 살았는데요』를 최초의 구멍책 작가인 피터 뉴웰에게 바쳤다. 심스 태백은 그림책 작가로도 유명하지만, 최초의 맥도날드 해피밀 박스를 디자인한 사람으로도 유명하다.

Peter Newell의 『The Hole Book』(1908)

> 나에게 길을 보여 준 조안나
> 콩세조에게 큰 감사를
>
> — 『나의 들소』
> (가야 비스니에프스키 글, 그림 / 미래아이)

♥ '조안나 콩세조'는 요안나 콘세이요의 다른 표기이다. 가야 비스니에프스키를 키운 건 8할이 요안나 콘세이요였다고.

> 나에게 그림책의 세계를
> 열어 준 존 버닝햄에게
>
> — 『지각 대장 샘』
> (이루리 글, 주앙 바즈 드 카르발류 그림 / 북극곰)

> 내 친구,
> 모리스 샌닥에게
>
> — 『어느 날, 마법 빗자루가』
> (크리스 반 알스버그 글, 그림 / 키위북스)

♥ 이루리 작가는 서른 살에 처음 본 존 버닝햄의 그림책 『지각 대장 존』이 인생을 바꿨다고 말한다. 이 책 덕분에 그림책 평론, 번역, 편집까지 하는 그림책 사랑꾼이 되었기 때문이다. 제목마저 비슷한 이 책은 『지각 대장 존』을 패러디한 책이다.

♥ 크리스 반 알스버그가 그림책 작가가 되기 이전, 미술 교사였던 그의 아내는 남편을 위해 여러 권의 그림책을 가지고 왔다. 남편이 자기만의 작품을 만드는 데 영감을 주려는 목적이었지만 크리스 반 알스버그는 어린이 책의 밝고 단순하고 귀여운 그림들이 마음에 안 들었다고 한다. 그런데 그 책들 사이에서 모리스 샌닥의 『히글티 피글티 팝!』(시공주니어)을 발견했고 다른 책들과는 다른 그 책만의 분위기와 기묘한 이야기에 마음을 빼앗긴다. 그 신비롭고 매혹적인 책에 실제로 큰 영감을 받은 크리스 반 알스버그는 그림책으로 자신이 생각하는 어떤 예술의 경지에 다다를 수 있다는 자신감을 얻었다. 그리고 그 후 1979년에 모리스 샌닥을 처음 만나게 된 크리스 반 알스버그는 그때의 이야기를 나누며 모리스 샌닥과 친구가 된다. 그는 1992년에 초판 발행된 이 책을 존경하는 친구 모리스 샌닥에게 바쳤다.

『어느 날, 마법 빗자루가』
(크리스 반 알스버그 글, 그림 / 키위북스)

홈즈형 #7: 헌사의 주인공이 과연 누구인지 추리하게 만드는 헌사

> 박준범에게
>
> — 『뒷집 준범이』
> (이혜란 글, 그림 / 보림)

> 글을 쓴 마거릿 와일드와
> 기다려 준 마거릿에게
>
> — 『여우』
> (마거릿 와일드 글, 론 브룩스 그림 / 파랑새)

♥ 작가의 어린 시절 가족 이야기를 담은 『우리 가족입니다』에서 나왔던 중국집 '신흥반점'은 이혜란 작가의 아버지가 운영하셨던 중국집이다. 신흥반점 뒷집 아이로 나오는 준범이. 박준범은 이혜란 작가의 어린 시절 실제 동네 친구가 아니었을까?

♥ 그림 작가인 론 브룩스는 헌사에서 글을 쓴 마거릿과 기다려 준 마거릿을 언급했다. 마거릿이 두 명? 아니면 마거릿 와일드는 다중이?? 알고 보니 론 브룩스의 아내 이름도 마거릿이라고.

코믹형 #8: 사소한 곳까지 유머의 촉을 세운 멋진 헌사

> 가정용과 산업용 고무장갑을 생산하는 회사, 메종마파를 설립한 로베르 마레와 장 파튀렐에게
>
> — 『어느 사랑 이야기』
> (질 바슐레 글, 그림 / 책빛)

♥ 이 그림책의 주인공은 다름 아닌 고무장갑. 헌사는 고무장갑 회사의 설립자들에게!

이 이야기를 존에게 바친다. 존이 아니었다면 이 이야기는 만들어지지 못했을 것이다. - 맥 바넷

나도 이 책을 존에게 바칠 작정이었다. 하지만 이제 어떻게 하지? 이 책도 아내한테 바쳐야 하나? 아내는 관심도 없을 텐데 - 애덤 렉스

- 『엄마 말 안 들으면… 흰긴수염고래 데려온다!』
(맥 바넷 글, 애덤 렉스 그림 / 다산기획)

♥ 맥 바넷이 그림책 작가가 되기 이전부터 팬이었다고 고백했던 작가가 있었으니 바로 『늑대가 들려주는 아기돼지 삼형제 이야기』, 『냄새 고약한 치즈맨과 멍청한 이야기들』의 존 셰스카. 맥 바넷은 우연한 기회에 존 셰스카를 만나 작가의 길을 걷는 데 큰 도움을 얻게 된다. 그의 도움으로 나온 첫 책이 바로 『엄마 말 안 들으면… 흰긴수염고래 데려온다!』. 아마도 애덤 렉스의 헌사는 맥 바넷의 헌사에 연결시켜 장난스럽게 쓴 것으로 추측한다.

이 책을 가깝고 다정하고 정말 친한 친구에게 바칩니다

- 『냄새 고약한 치즈맨과 멍청한 이야기들』
(존 셰스카 글, 레인 스미스 그림 / 담푸스)

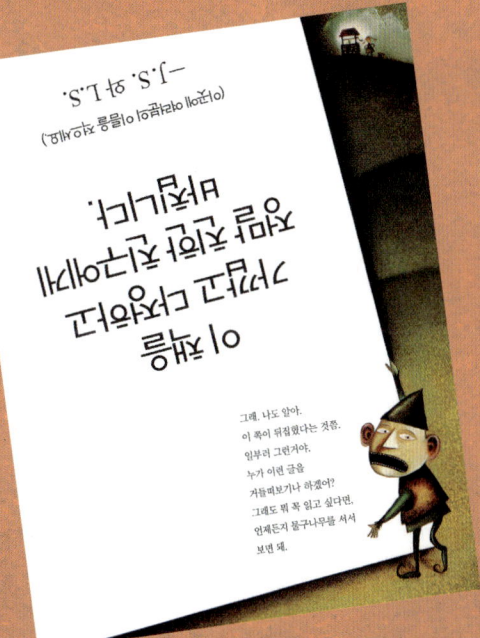

♥ 사뭇 평범해 보이는 이 헌사의 포인트는 글씨가 거꾸로 씌어 있다는 점. 메타픽션을 잘 활용한 책답다.

우리 아들 맥스에게 - 케이트 뱅크스
아니! 우리 아들 맥스에게 - 보리스 쿨리코프

- 『낱말 수집가 맥스』
(케이트 뱅크스 글, 보리스 쿨리코프 그림 / 보물창고)

♥ 실제 두 작가의 아들 이름이 똑같이 '맥스'라고 한다.

영혼의 동반자형 #9: 책이 나오기까지 모든 과정을 함께하는 파트너, 편집자에게 보내는 헌사

삶의 한 줄기 빛이 되어 준
친구이자 편집자인
수잔 리치에게

- 『안녕, 나의 등대』
(소피 블랙올 글, 그림 / 비룡소)

수잔 리치와 소피 블랙올

♥ 수잔 리치는 소피 블랙올에게 첫 번째 칼데콧 대상을 안겨 준 책 『위니를 찾아서』(린지 매틱 글, 소피 블랙올 그림 / 미디어창비)를 함께 만든 Little, Brown Books for Young Readers의 편집자이다. 레모니 스니캣, 존 클라센 등과 함께 작업했다.

실라 배리와 함께했던 순간을 기억하며

— 『괜찮을 거야』
(시드니 스미스 글, 그림 / 책읽는곰)

별 – 꿈 – 프랜시스 포스터

— 『하늘을 나는 어린 왕자』
(피터 시스 글, 그림 / 시공주니어)

♥ 시드니 스미스의 두 책 『거리에 핀 꽃』, 『바닷가 탄광 마을』을 함께 만든 Groundwood Books의 편집자 실라 배리(Sheila Barry)는 지난 2017년 11월 암으로 세상을 떠났다. 시드니 스미스에게는 큰 슬픔이었을 터. 시드니 스미스가 처음으로 글과 그림을 함께한 이 책을 실라 배리에게 바친 것은 당연해 보인다.

♥ 로알드 달, 루이스 섀커 같은 걸출한 작가들과 함께 호흡을 맞춘 피터 시스의 편집자 프랜시스 포스터. 피터 시스는 『하늘을 나는 어린 왕자』를 30여 년간 함께한 편집자 프랜시스 포스터에게 바쳤는데 공교롭게도 이 책이 나온 지 한 달여 만에 프랜시스 포스터는 세상을 떠났다.

어설라 그리고 수전에게

— 『아빠 곰이 집으로 와요』
(엘세 홀메룬 미나릭 글, 모리스 샌닥 그림 / 시공주니어)

♥ 1950년대 미국 아동문학의 황금기를 이끌었던 전설의 편집자 어설라 노드스트롬(Ursula Nordstrom). 마가렛 와이즈 브라운, 루스 크라우스, 샬롯 졸로토 등 그녀와 함께한 작가의 이름이 곧 당대의 유명작가 리스트일 만큼 영향력 있는 편집자였는데 특히 모리스 샌닥을 발굴하여 키운 것으로 유명하다. 수전 허쉬먼(Susan Hirschman)은 그런 어설라 노드스트롬의 밑에서 함께 일하던 편집자였고 후에 그린윌로우 북스를 설립한다. 수전이 함께한 작가로는 케빈 헹크스, 도널드 크루스 등이 있다. 모리스 샌닥은 꼬마 곰(Little bear) 시리즈 중 한 권인 이 책을 어설라와 수전에게 바쳤다.

초지일관형 #10: 지조 있는 스타일의 헌사

"윌과 저스틴에게"

― 『내 모자 어디 갔을까?』
(존 클라센 글, 그림 / 시공주니어)

"또 다시 윌과 저스틴에게"

― 『이건 내 모자가 아니야』
(존 클라센 글, 그림 / 시공주니어)

"윌과 저스틴에게, 언제나"

― 『모자를 보았어』
(존 클라센 글, 그림 / 시공주니어)

♥ 모자 3부작을 펴낸 존 클라센은 세 권 모두 초지일관 자신의 형제인 윌과 저스틴에게 헌사를 바쳤다. 큰형 저스틴은 형제 중에서 가장 강하고 둘째 형 윌은 그저 착한 편이었다고 한다. 그는 『모자를 보았어』에 나오는 착한 거북이가 자신의 둘째 형 윌과 비슷한 면이 있다며 둘 다 모자를 갖지 않기로 한 후에 바로 관심을 일몰에 돌리는 거북이의 모습은 단순화하긴 했지만 형 윌의 모습을 그대로 닮았다고 밝혔다.

브릿팝형 #11: 브릿팝의 대가 라디오헤드의 노래에 바친 헌사

자신도 모른 채 자유를 기다리는 모든 이에게 이 작품에 깊은 영감을 준 라디오헤드의 노래 '블룸(Bloom)'에 감사하며 나와 함께 공중제비를 넘던 레베카와 웬즈데이가 부르던 노래를 알고 있던 앤 슈워츠에게 감사하며 ― 트로이 하월

― 『바다로 간 고래』(트로이 하월 글, 리처드 존스 그림 / 북뱅크)

이 책의 주인공에게 바치는 헌사 #12: 어린이들에게

자신의 열정을 따라서
꿈의 별에 다다른
모든 친구에게

— 『수학에 빠진 아이』
(미겔 탕코 글, 그림 / 나는별)

이 세상 모든 아이들에게
이 책을 바칩니다

— 『내 토끼 어딨어?』
(모 윌렘스 글, 그림 / 살림어린이)

평등의 날이 올 거라고 굳게 믿었던
그 시절 어린이들을 위하여

— 『1964년 여름』
(데버러 와일즈 글, 제롬 리가히그 그림 / 느림보)

그림책의 주인공이자 그림책을 통해 나누고 싶은 작가의 마음을 가장 여과 없이 받아들일 독자, 어린이. 그 어린이들에게 바치는 헌사야말로 작가들의 진심 그대로일 것이다.

글_ 임민정

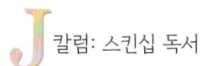
칼럼: 스킨십 독서

"그림책을 읽으면 뭐가 좋아요?" 물으신다면

『*Hush Little Baby*』(Sylvia Long / Chronicle books)

『엄마랑 뽀뽀』(김동수 글, 그림 / 보림)

저는 얼추 일 년에 50번 이상 전국 도서관으로 그림책 강의를 다니는데요. 늘 나오는 질문입니다. "그림책을 읽으면 뭐가 좋아요?"

아이가 고학년이라 하면 "완결된 구조의 글을 많이 경험하는 것"이라고 대답합니다. 요즘 청소년의 종이 독서는 대부분 시험과 교재의 '지문'입니다. 토막글만 읽다 보니 긴 책을 읽어 내고 전체를 보는 경험을 하기가 어렵습니다. 토막글로는 정보를 얻거나 순간적인 감정의 회오리까지는 어찌 경험할 수 있겠으나, 그 회오리를 다독이거나 더 큰 폭풍우까지 갈 틈이 없습니다. 하지만 그림책은 짧아도 그 자체로 완결성을 갖거든요. 완전한 구성을 많이 경험한 아이들은 글을 쓰건 말을 하건 전체 얼개를 짜는 데 능하고, 포인트도 잘 잡아냅니다.

아이가 어리면 "어른과 관계가 좋아진답니다."라고 답해드려요. 책을 읽으면서 아이가 똑똑해진다는 건 시시할 만큼 당연한 얘기고요. 책을 읽고 이야기를 나누면서 서로에 대해서 더 많이 알게 되는 게 진짜 장점이지요. 혼자 읽을 줄 알아도 더 오래 '함께' 책을 읽으면 좋겠습니다.

나이 불문 그림책의 최고 장점은 '스킨십'입니다. 그림책을 읽노라면 어느새 스킨십을 하게 되거든요. 아기일 땐 어른 품에 안고 읽어 주고요, 좀 자라면 나란히 어깨를 기대고 읽지요. 머리를 마주 대고 푸하하 웃고 울며 읽다 보면 침도 튀는걸요. "덥다 더워." 일부러 뚝 떨어져 읽어도, 그림책은 '스킨십'을 일으킵니다.

세상에서 가장 육체적인 독서

돌쟁이 아가들이 좋아하는 『엄마랑 뽀뽀』 그림책을 볼까요? 내용은 단순합니다. 페이지마다 엄마 동물과 아기 동물이 뽀뽀를 하고 있고, 문장은 짧습니다. '귀염둥이 우리 아가 엄마랑 뽀뽀', '재롱둥이 우리 아가 엄마랑 뽀뽀', '개구쟁이 우리 아가 엄마랑 뽀뽀' 이런 식입니다. 한 쪽 한 쪽 넘기면서 자연스레 아이와 뽀뽀를 하게 됩니다. 그저 책을 읽노라면 아이와 몸이 닿게 된다 이런 차원의 스킨십이 아닙니다. 방금까지도 아이 때문에 몸과 마음이 힘들었다가도, 읽다 보면 "어휴, 이리 와. 엄마랑 뽀뽀!" 안 할 도리가 없는 걸요. 한 쪽 읽고 쪽! 또 한 쪽 읽고 쪽! 어느 날은 쪽쪽 더블 뽀뽀. 어느 날은 쪼오오옥 긴 뽀뽀. 캥거루 엄마의 뽀뽀 장면에선 아이를 안고 콩콩 뛰면서 뽀뽀합니다. 다 읽고 나면 아이가 자동으로 외치지요. "한 번 더!"

하루는 제가 남편과 시험을 해 봤어요. 좀 낯간지럽지만 옆에 앉혀 놓고 읽었습니다. "부끄럼쟁이 우리 아가 엄마랑 뽀뽀, 순둥이 우리 아가 엄마랑 뽀뽀… 말도 안돼. 당신은 이게 어울리지. 방귀쟁이 우리 아가 엄마랑 뽀뽀, 트림쟁이 우리 아가 엄마랑 뽀뽀. 그래. 이리 와 보슈. 뽀뽀~" 부부 싸움을 한 후에 읽으면 안 되겠더라고요. 용서하지 않았는데 뽀뽀를 하게 되다니!

마더구스를 개사한 영어 그림책 『Hush Little Baby』를 보던 저는 어느새 등에 따뜻하고 몰캉한 무언가가 느껴집니다. 딸아이가 어릴 때, 자장가로 읽어 줬던 책이거든요. 아이를 등에 업고 흔들흔들 걸어 다니며 책을 읽었습니다. 그때의 느낌이 확 되살아난 것입니다.

Hush little baby, Don't say a word.
Mama's going to show you a humming bird.
(아가야 쉿, 엄마가 너에게 작은 새를 보여 줄게.)

세상 어느 독서가 이리도 육체적일까요? 그림책은 스킨십을 일으키고, 그 스킨십은 마법을 일으킵니다. 팍팍했던 마음이 스르륵 풀어지고, 사는 게 고달파도 좀 괜찮아지는 마법입니다. 아이도 어른도, 다시 세상에 나갈 힘이 차오르는, 참 좋은 마법입니다.

글_ 전은주

곁에 두고 오래오래 보고 싶은 그림책

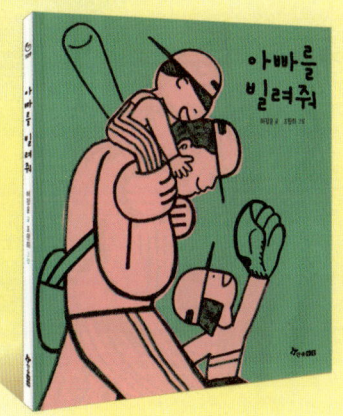

누군가를 잃고 그리워하는 마음을 다정하게 어루만져 줄 그림책

소중한 아빠를 잃은 아이가 상실과 결핍을 극복하는 과정을 담고 있어요.
슬픔으로 힘들어하는 아이를 일으켜 세워 다독이고 한 뼘 성장시키는
'아름다운 연대'의 순간이 감동적으로 다가옵니다.

《아빠를 빌려줘》 허정윤 글·조원희 그림 | 값 14,000원
★ 볼로냐 라가치 2022 어메이징 북스 100 선정

**꿈을 잃지 않았던 엄마 경옥,
고단하지만 아름다웠던 삶에 대한 이야기**

어려운 시절, 험난한 시대를 살아야 했던 경옥의 삶은
결코 순탄하지 않았지요. 엄마로서의 삶을 살아가면서도
한 여성으로서 꿈을 잃지 않았던 경옥의 삶을 통해
그 시대 여성들의 강인한 삶, 우리 어머니들의 삶을
되짚어 봅니다.

《경옥》 이명환 글·그림 | 값 15,000원

고양이 루이와 캠핑 떠나실래요?

햇살 따뜻한 날, 루이가 길을 나섰어요.
핑크색 예쁜 캠핑카를 타고 신나게 달려가지요.
예쁜 꽃과 풀, 신기한 곤충들을 만나는 루이만의 시간.
시원한 연못에 몸을 담그기도 하고,
자작나무 숲속에서 한숨 늘어지게 잠도 자는데……

《캠핑 좀 하는 고양이 루이》 의자 글·그림 | 값 15,000원

작가 만남: 이수지 북토크

힌토끼*를 따라 우리는
수지랜드로 간다

*힌토끼는 작가의 블로그 닉네임이다.

잠시 시간을 되돌려 보자. 그림책에 한창 재미를 붙이던 시절, 『앤서니 브라운 나의 상상 미술관』(웅진주니어)처럼 작가가 자신의 그림책에 대해 쓴 책들이 있다는 것을 알게 되었다. 그림책은 그 자체로도 재밌지만 작가가 알려 주는 그림책의 뒷이야기는 그야말로 흥미진진. 바로 그때 『이수지의 그림책』(비룡소)을 만났다. 이수지 작가를 향한 나의 마음은 이 책을 만나기 전과 후로 극명하게 나뉜다. 그녀의 그림책이 제본선에 대한 통념을 깬 것처럼 난 이 책을 읽고서야 경계를 허물고 작가가 손짓하는 바다로 들어간 것이다.

모름지기 바다에선 함께 노는 것이 가장 재미있는 법. 한창 즐겁게 활동하던 네이버 카페 제이그림책포럼에서 같이 놀자고 사람들을 꼬드기다 보니 어느새 북클럽 '사부작'의 클럽장이 되었다. '사부작'은 '**사**심 가득 **부**담 없이 **작**가와 작품을 파헤치자'는 기치 아래 주디스 커, 데이비드 위즈너, 권윤덕 등 매달 한 작가를 정하여 작가의 전체 작품을 함께 읽는 북클럽이다.

작가에 대한 깨알 같은 정보도 하나하나 수집한다. 구글로, 인스타그램으로 덕질하기 좋은 세상에서 이수지 작가의 작품이라곤 『파도야 놀자』(비룡소)만 겨우 알던 그림책 초보가 작가의 부모님이 지은 책도 있다는 걸 알게 되었다. 작가 어머니의 『엄마의 공책』(서경옥 글, 이수지 그림 / 시골생활)과 아버지의 저서 『새들아, 집 지어 줄게 놀러오렴』(이대우 / 도솔오두막)을 읽고 나면 작가 가족에 대한 팬심마저 솟아오른다.

이렇게 사부작사부작 이수지 작가를 알아 가던 중 제이그림책포럼 단독 북토크를 열게 되었단 소식은 포럼 회원 모두를 흥분의 도가니로 몰아넣었다. 북토크 참석을 위해선 작가에 대한 글을 하나 이상씩 쓰고 질문도 올려야 했다. 아는 만큼 즐길 수 있으니까. 한 달 동안 40개 이상의 글이 쏟아졌다. 축제였다!

드디어 북토크 당일. 온라인에서의 열기보다도 뜨거웠던 현장에서는 노오오력의 조공들이 줄을 이었다. 『강이』(비룡소)의 한 장면을 페이퍼 커팅으로 만들어 온 팬도 있었고, 작가가 "이거 제가 그린 거 아니에요?"라고 물어볼 정도로 멋진 모사 작품을 그려온 팬도 있었다.

이런 애정 어린 마음은 이수지 작가에게도 닿았던 것 같다. 작가가 바라는 독자와의 만남 형태 또는 독자층이 있냐는 질문에 "저는 지금 만나고 있는 것 같습니다."라는 작가의 대답은 거기 모인 모두의 마음을 설레게 했다.

'말랑말랑 따끔따끔, 그림책'이란 주제로 북토크는 시작되었다. 모든 것을 다 담을 수 있기에 말랑한 그림책, 작가로서 자신의 생각이 말랑하길 바라고 그 유연한 형식을 통해 독자와 만날 땐 따끔따끔한 그림책을 만들고 싶다는 이수지 작가. 그림책 작업을 시작하기 전 본인만의 의식에 대한 질문에 "책상을 치운다. 작업실다운 작업실이 없어서 부엌에서 책상까지 앞만 보고 걸어가는 것도 의식이다. 고개를 돌려 거실의 빨래라도 보면 또 집안일을 하게 된다."는 대답으로 우리의 마음을 따끔거리게 만들었다.

그림책을 만들고자 하는 사람들에게 해 주고 싶은 조언에 이수지 작가는 "실제로 만들어 보는 것이 중요하다."고 답했다. 과연 이게 할 만한 일인가, 가족의 희생을 요구하며 해야 하는 일인가 곱씹으며 싸워야 한다고, 그걸 하면 작가가 되고 못 해내면 못 하는 거라고, 그 경계를 넘어서면 되는 거라고. "더미북을 혼자 만드는 일은 쉽지 않습니다. 하지만 그게 제가 일하는 방식이에요."라고 말하는 작가의 모습에 나는 생각했다. 아, 나는 성덕이구나.

킹스크로스 역에 9와 3/4 정거장이 있다고 믿는가? 난 이수지 작가를 만난 뒤 그곳을 믿기로 했다. 그리고 그 벽을 향해 뛰어가려 한다. 내가 그어 놓은 선을 넘어가려 한다. 넘어지면 어때. 넘어진 채로 씩 웃고 다시 일어서는 거다. 내 손을 잡아 줄 친구들을 믿으며.
그대도 우리의 손을 잡고 일어설 준비가 됐는가? 오라, 덕후의 세계로. 경계를 넘는 순간 그림책은 그대와 한 몸이 될 준비가 되어 있다.

글_ 하예라

"다채로운 수지 굿즈들을 보고 저희 가족들이 놀라던 그 표정이란. 집에 디피해 둔 사진 보냅니다."
- 이수지 작가의 이메일 中

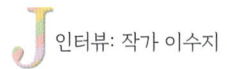
인터뷰: 작가 이수지

여러분이 제 정신을
쏙 빼놓으셨습니다

지난여름 제이그림책포럼과의 북토크가
이전의 북토크와 가장 달랐던 점은 무엇인가요?

세상에, 북토크 사전 질문지가 그렇게 빽빽한 건 처음 봤습니다. 게다가 이분들이 막 개별 책 스터디를 하지를 않나… 실시간으로 저에게 메일을 보내어 저를 밀착 압박… 준비를 단단히 해야겠구나 생각했습니다. 청중에 따라 강연도 달라집니다. 전혀 그림책을 모르는 분들을 대상으로 할 때는 그림책의 ABC부터 시작하기도 하지만, 대체로는 그림책을 아는 분과 아닌 분이 반반 섞여 있다고 보고 이야기를 구성합니다.
제이그림책포럼 북토크는 앞의 이야기 다 빼고 본론으로 직진, 그리고 그림책 무림의 고수를 마주한다는 기분으로 갔지요. 좋은 질문이 좋은 답을 만들지요.

2019년 8월, 합정동에서 열렸던
제이그림책포럼과 이수지 작가의 만남.
팬들은 열광했고 오래 북토크를
기억했다. 작가는 어떤 기분이었을까.
인터뷰는 코로나19로 인해
아쉽게도 서면으로 진행했다.

폭풍 리액션에 압도되어서 평소보다 더 자세히 답했네요. 하여간 여러분이 제 정신을 쏙 빼놓으셨습니다.

저 역시도 가봤던 어떤 북토크보다 뜨거운 분위기라고 느꼈습니다. 팬들이 준비한 다양한 굿즈나 선물을 보고 어떤 기분이셨는지 궁금합니다.

그림책계의 배수지가 된 기분이었죠. '성덕' 글자가 번쩍이는 머리띠를 장착한 채 앞에서 봉을 흔드는 제이그림책포럼 회원들을 보고 너무 놀라서 어찌할 바를 몰랐으나 역시 아이돌답게 바로 적응했… 에휴, 아닙니다. 강연 끝나고는 어질어질한 상태로 꽃다발, 정성 어린 그림, 다양한 굿즈를 한아름 들고 경의중앙선 타고선, 작은 제 책을 열고 초콜릿을 꺼내 우물거리며… '우리 수지 그리고 싶은 거 다 그려'를 되뇌었습니다.

**작가 생활을 하는 동안 독자층도, 독자의 반응도 다양하게 변화했을 것 같습니다.
독자는 어떻게 진화 혹은 변화했는지요?**

예전에는 강연 가면 이상하게 저를 '흐뭇하게' 바라보는 분들이 항상 계셨습니다. 뭐랄까… 엄마 미소를 짓고 있는 분들이라고나 할까… 아이고… 넌 어떻게 그런 생각을 다했니, 대견하다… 느낌이랄까요. 이제는 이런 분이 계십니다. "작가님, 우리 엄마가 작가님 엄청 좋아해요."(…. 나이를 먹어 갑니다.) "작가님 책 보고 자랐어요." "작가님 책으로 그림책 공부했어요." 소리도 자꾸 듣네요. 또 다른 변화도 있습니다. 예전에는 어떤 식

으로든지 저자 사인을 아이 이름으로 받으셨습니다. 간혹 수줍게, "아이 이름 옆에 제 이름도 써 주세요." 하는 분들도 있었지만요. 그런데 이제는 "아이 이름이 뭔가요?"를 묻기가 무색하게 "제 이름으로 해 주세요." 합니다. 이번 북토크에 온 분들이 대표적인 분들이겠어요. 저 집 아이들은 알까요, 엄마가 자기들 학교 간 사이 서울 한복판에서 '우윳빛깔 이수지' 배너를 흔들고 있다는 것을. 그림책 독자의 외연이 넓어지고 있어요. 아이부터 어른까지, 정말 그림책이 뛸 곳이 넓어지고 있다는 것이 느껴집니다. 다양한 독자는 다양한 작가를 만들죠. 가장 크게 느껴지는 부분입니다.

미니 초콜릿 위에 이수지 작가의 작품 표지를 붙여 만든 미니북 굿즈

**앞으로 어떤 방식으로
독자와 만나고 싶으세요?**

늘 그렇듯 글로, 그림으로, 책으로 여러분을 만나겠지요. 전시로도 만나 뵐 수 있을 것 같습니다. 책과 그림이 담지 못하는 무엇인가를 전시의 형식으로 담아 보려고 합니다.

**그림책을 사랑하는 독자들에게
'이것만은 잊지 마시길' 하고 당부하고픈 말은?**

당부하고픈 말은 없고요. 작가가 보내는 간절한 신호를 잡아 주는 여러분의 안테나가 반갑고 고마울 따름입니다. 함께 즐기고 함께 나눠요.

**신간 소식이 있습니다.
독자들을 위해 짧게 소개를 부탁드립니다.**

오늘 따끈따끈, 갓 나온 책 두 권이 도착했습니다. (인터뷰일인 2월 14일 발행) 제가 쓴 책은 아니고요. 제가 우리말로 옮긴 책입니다. M. B. 고프스타인의 작은 그림책, 『우리 눈사람』과 『이름을 알고 싶어』(미디어창비)입니다. 따뜻하고 담백한, 살며시 미소 짓게 만드는 책입니다. (더불어 또 한 권, 다른 그림책 번역 작업을 하고 있습니다.) 제가 그림을 그린 책 두 권과 제 그림책 한 권도 나옵니다. 첫 번째 책은 중국 작가 차오원쉬엔이 쓴 『우로마』가 '책읽는곰'에서 나옵니다. 화가가 되고 싶은 아이의 분투기입니다. 『나의 명원 화실』(비룡소)과 살짝 겹치는 재미가 있을 것 같습니다. 두 번째 책은 가수 루시드 폴의 노래 가사에 제가 그림을 그린 『물이 되는 꿈』(청어람미디어)입니다. 물, 물이 되는 꿈, 꽃, 꽃이 되는 꿈, 바람이 되는 꿈… 으로 이어져 다시 물이 되는 꿈으로 돌아오는 아름다운 노래에 가득 푸른색을 담았습니다. 마지막으로 비룡소에서 제 책이 한 권 나옵니다. 이 책은 제 이그림책포럼 여러분이 이미 잘 아는 책입니다. 무슨 책일까요? 기대해 주세요.

글_ 임민정

그림책 일기

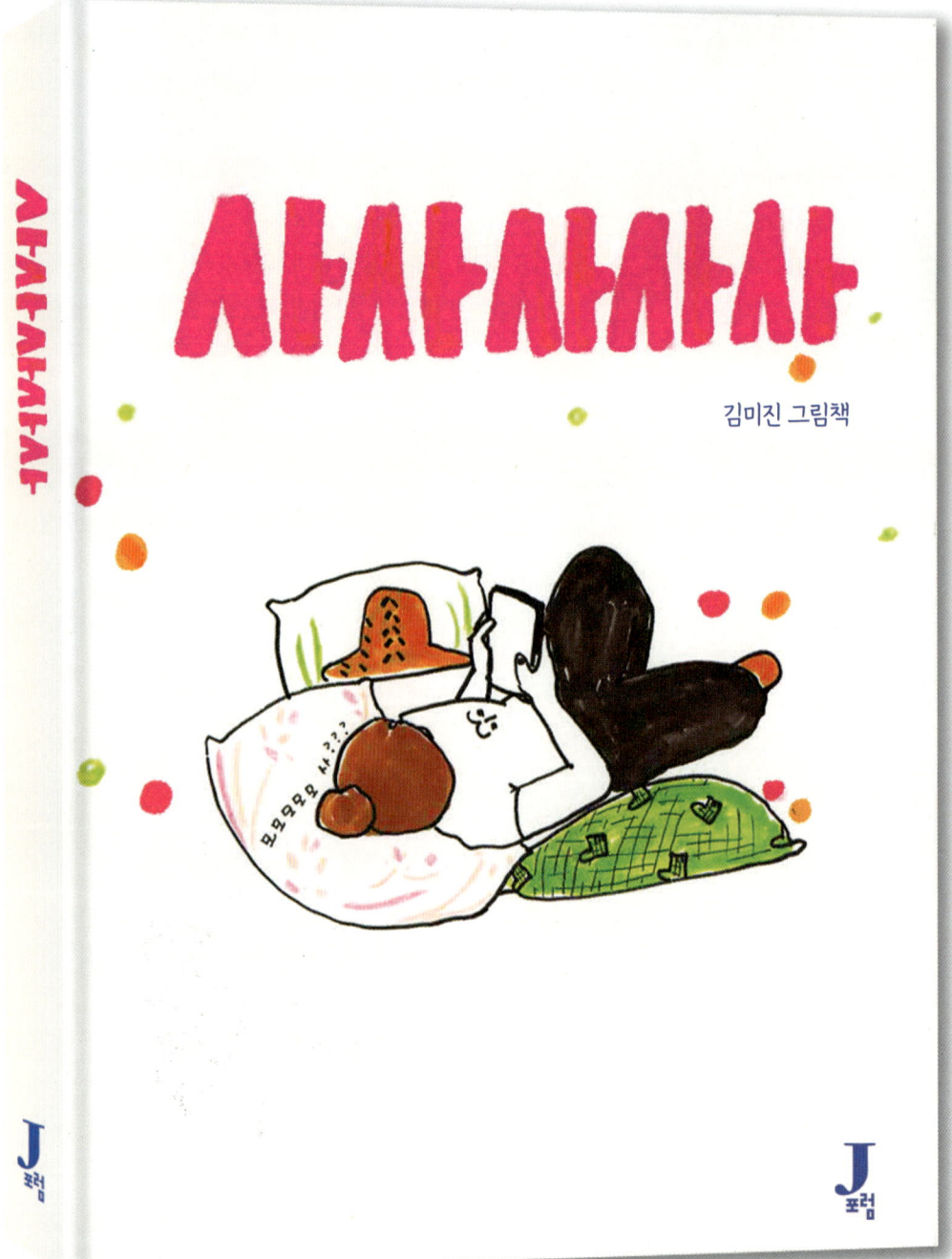

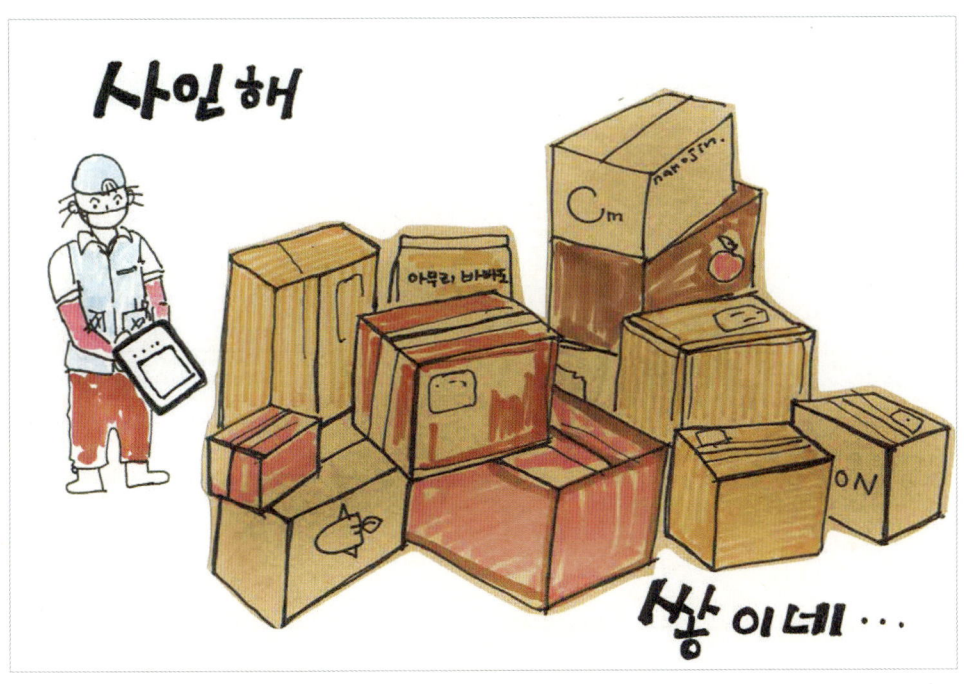

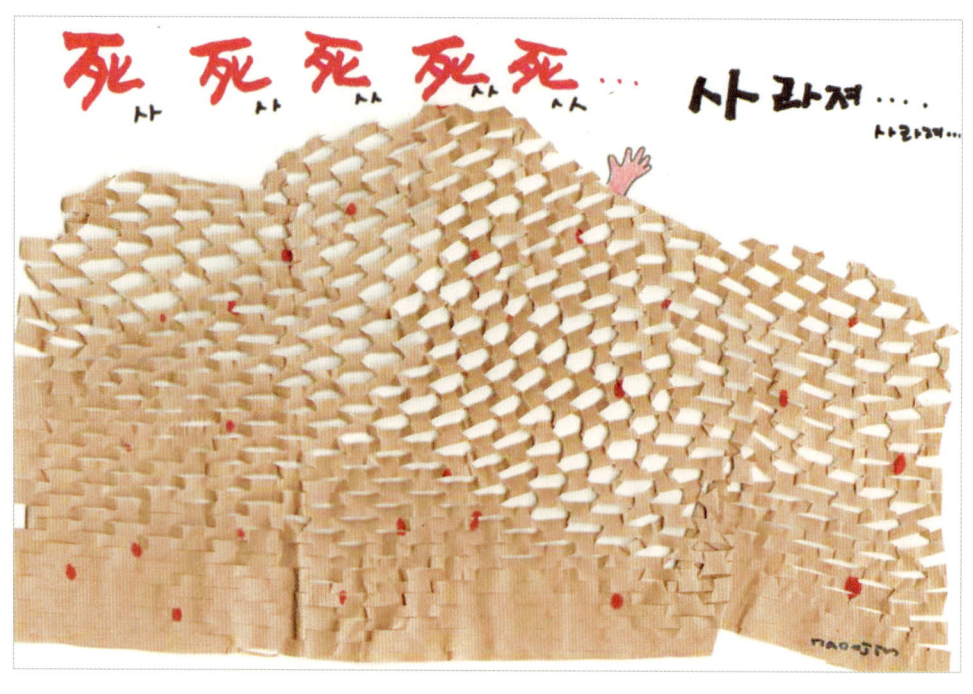

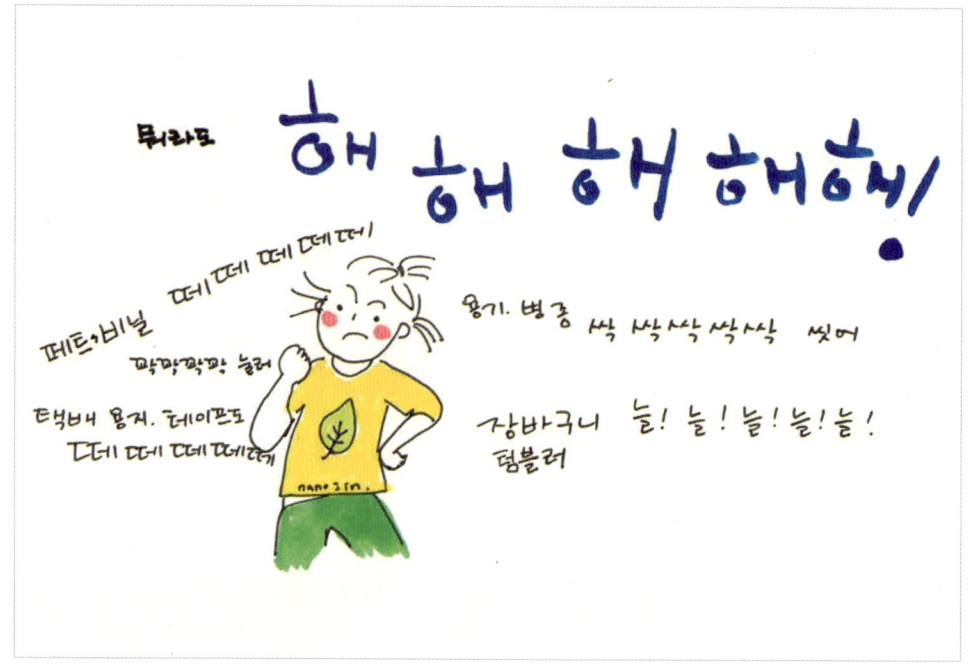

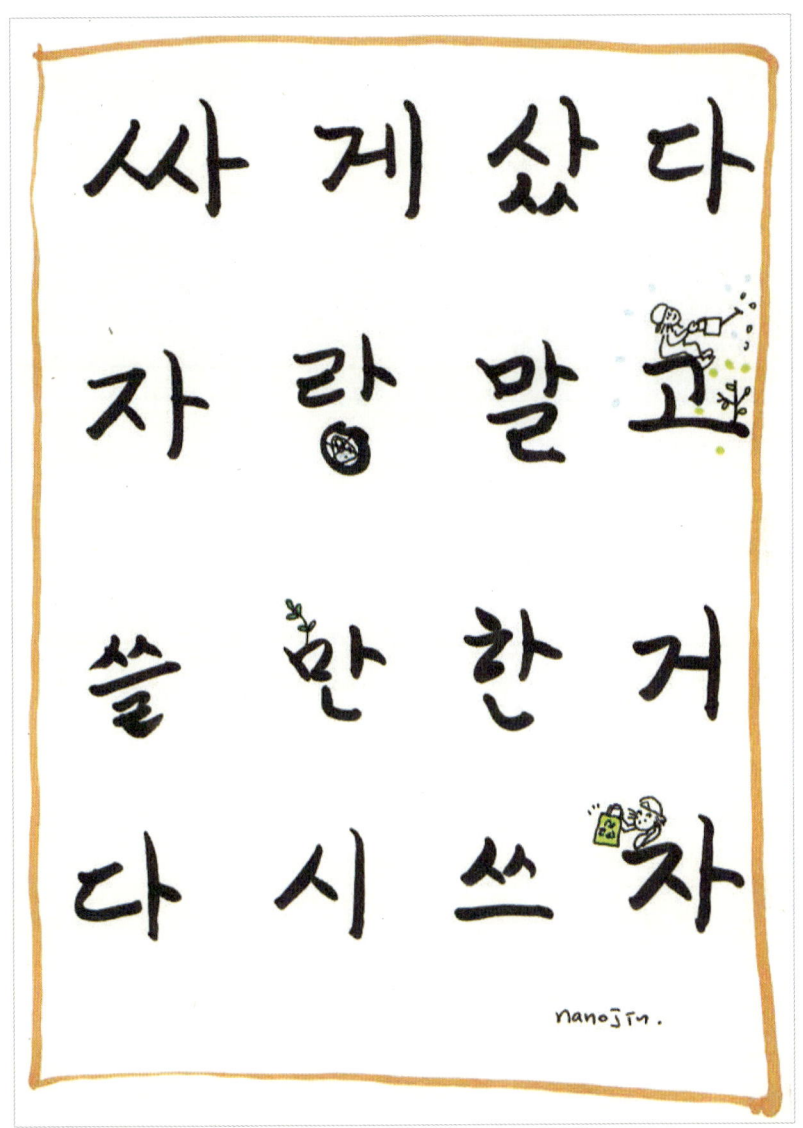

글, 그림 김미진

눈깜짝할 사이 세 아이가 생겨 휴직을 거듭하느라 몇 년 차 교사인지 가물가물하다. 아이들과 유난히 삐걱거리는 날 나만의 육아 비법이 있다면 그림책 들이밀며 아이들에게 화해를 청하고, 아이들이 만들어 내는 다정한 장면을 낙서로 옮기는 것. 『모모모모모』(밤코 글, 그림 / 향출판사)는 그런 날에 만난 최고 인기 책이다. 아직도 초보 엄마인 나는 육아에서 좌절을 맛볼 때마다 그 탓을 아이템 부족으로 돌리곤 했다. '모'를 더 채워 줄지를 '사'로 대체하곤 했던 날, 대책 없이 사다 보면 정말 우리 아이들에게 줄 것을 영원히 잃을 수도 있겠다는 생각이 들었다. 도시에서 자란 모녀가 『모모모모모』를 수없이 반복해 읽다가 우리가 매일 가깝게 느끼는 말로 바꿔 보면 어떨까 싶었다. 영원히 사사사사라지지 않았으면 하는 순간들이기에. 수없이 반복하며 함께 감탄하고 깔깔거리고 말장난하는 찰나의 순간이 모여 끝없는 육아에 뜨거운 밥 기운을 뿜어내리라 믿는다. 그래서 그 말장난 중 일부를 옮겨 기록하고 싶었다. 우리 오자매들, 사사사사사 사랑해!

친구와 다시 가까워지고 싶어
손잡고 인사하고
하루 동안 일어난 일을 다 말하고 싶어

잊었던 용기

휘리 그림책

우정은 계속되는 용기의 결과다. 다치기 쉬운 마음을 이해해 줘서, 그래도 한 발 더 나아가라고 말해 줘서 두 번 고마운 책이다. **김지은**(아동청소년문학평론가)

책이 주는 다정한 용기에 힘입어 아이들이 저마다 한 걸음 내딛기를 응원한다. **이시내**(초등 교사, 그림책 매거진 『라키비움』 기자)

값 14,000원

모든 작은 동물들을 환영합니다
아늑하고 향긋한 튤립 호텔로 오세요!

튤립 호텔

김지안 그림책

매일매일 튤립을 돌보고, 친구들과 힘을 모아 정원을 만드는 다섯 마리 멧밭쥐. 멧밭쥐들은 꽃대가 올라오고 꽃봉오리가 부풀어 오를 때까지 튤립을 소중하게 가꿉니다. 튤립 방에 몸을 누일 작은 친구들이 찾아오면 신나는 봄 축제를 열어요!

값 15,000원

Changbi Publishers 창비

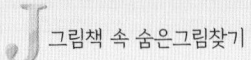
그림책 속 숨은그림찾기

어른보다 아이들이 더 잘 찾아요

그림책을 읽다 보면 자꾸만 눈에 띄는
작은 연결 고리들이 있다.
숨은그림찾기를 하듯 소소한 즐거움을 느껴 보자.

'지원이와 병관이' 시리즈에는 지원이와 병관이만 있는 게 아니다?

'지원이와 병관이' 시리즈의 주인공 이름은 고대영 작가 자녀들의 실제 이름을 딴 것이다. 첫 그림책 『지하철을 타고서』(고대영 글, 김영진 그림 / 길벗어린이)를 포함해 총 아홉 권의 시리즈가 출간되었다. 처음엔 펭귄과 양을 주인공으로 내세우려고 했지만, 인물 캐릭터로 설정을 바꾸면서 이미 구상해 두었던 동물 캐릭터를 본문에 조그맣게 그려 넣었다고. 지원이가 나오는 장면에는 양, 병관이가 나오는 장면에는 펭귄이 등장한다. 눈 밝은 어린이 독자들이 이런 걸 놓칠 리가 없다. 펭귄과 양을 찾는 독자가 늘자 김영진 작가는 시리즈 뒤로 갈수록 다양한 동물을 더 숨겨 놓았다. 자신과 동일시할 수 있는 주인공이 등장하는 데다가 숨은 동물 찾기까지 할 수 있는 그림책이라니. 이 시리즈가 아이들의 마음을 사로잡는 데에는 이유가 있다.

병관이를 닮은 펭귄, 지원이를 닮은 양

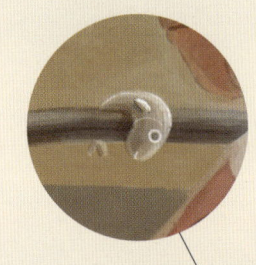

『지하철을 타고서』에 등장하는 펭귄, 양, 나는 물고기

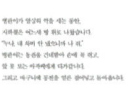

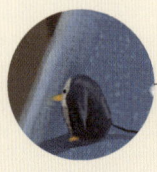

김영진 작가. 전체 시리즈에서 다양한 모습으로 등장하는 작가를 만날 수 있다.

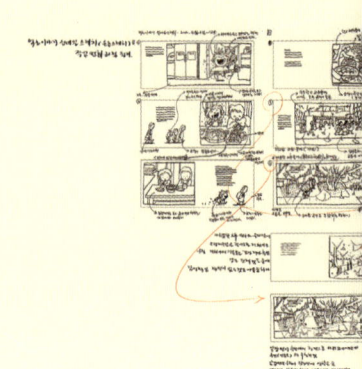

시리즈 1권 『지하철을 타고서』에는 펭귄과 양, 나는 물고기, 그리고 그림을 그린 김영진 작가가 등장한다. 펭귄과 양은 각각 병관이와 지원이를 상징한다지만 나는 물고기는 뭘까. 이 물고기는 2권 『용돈 주세요』에서 병관이가 입은 티셔츠에도 등장하며 주요 캐릭터로 자리 잡는다. 지하철에서 까만 모자를 쓰고 스케치북을 든 이는 김영진 작가다. 자신의 작품에 자화상을 그려 넣고 싶은 마음은 동서고금을 막론하고 예술가라면 누구나 가지는 욕망이 아닐까. 작가가 쏘아 올리고 독자가 기꺼이 받는다. 모두가 행복한 그림책 속 숨은 그림찾기의 시작이다.

시리즈 6권 『집 안 치우기』 중 한 장면.
식탁 아래 양과 펭귄, 지원이 머리 위에
나는 물고기, 그리고 토스터 뒤에
새로운 캐릭터 토끼가 보인다.

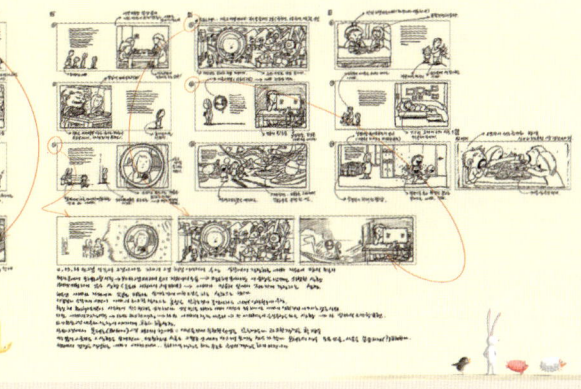

시리즈 7권 『먹는 이야기』의 앞 면지

시리즈 5권 『거짓말』부터는 면지에 작가의 스케치를 실어 그림책이 만들어지는 과정을 살펴볼 수 있는데 이 페이지에도 어김없이 동물의 모습이 보인다. 특히 새로운 동물의 등장을 면지에서부터 확인할 수 있어서 책장을 넘기는 순간 독자는 새로운 캐릭터 찾기에 여념이 없다.

2013년 출간된 『싸워도 돼요?』에도 새로운 동물 캐릭터 타조가 등장한다. 처음부터 볼 수 있었던 펭귄, 양, 나는 물고기부터 중간에 등장한 토끼(6권), 돼지와 코끼리(7권)에 이어 타조까지 총 7마리의 동물 캐릭터가 모여 있다. 까만 모자를 쓴 김영진 작가 역시 그려져 있으니 꼭 찾아보자. 소품 하나도 놓치지 말고 눈여겨볼 것.

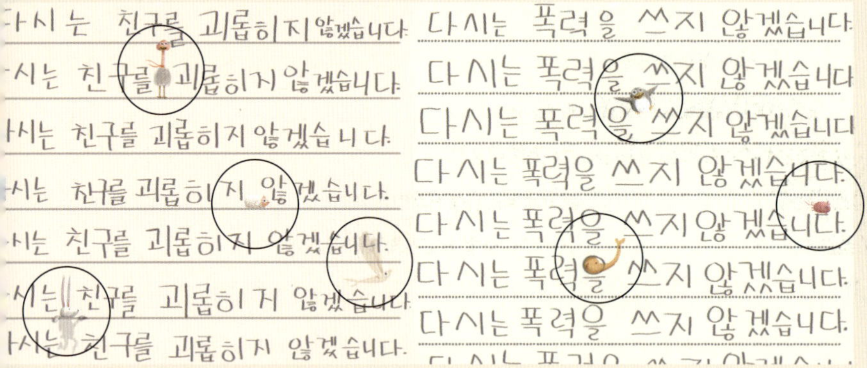

시리즈의 마지막 작품인
『싸워도 돼요?』의 뒤 면지에는
일곱 마리의 동물 캐릭터가
모두 등장한다. 또한 『지각대장 존』
(존 버닝햄 글, 그림 / 비룡소) 면지의
오마주이기도 하다.

"모두 모두 내가 보고 싶겠지?"

책 속 주인공이 여러 책에 등장하면 마치 영원히 살아서 돌아다닐 것 같은 생각에 좋아하던 작품인 어린 왕자의 캐릭터를 자신의 책 속에 그려 넣기 시작했다는 윤지회 작가. 이제 작가의 새로운 작품을 볼 수는 없지만 그녀가 남긴 그림책 속에서 우리는 윤지회 작가를 만날 것이다. 언제까지나.

윤지회의 그림책에 숨어 있는 어린 왕자

『구름의 왕국 알람사하바』
(윤지회 글, 그림 / 보림)에서
처음 어린 왕자가 등장한다.

『뽕가맨』
(윤지회 글, 그림 / 보림) 속 어린 왕자

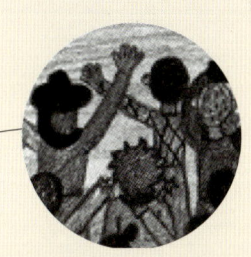

『방긋 아기씨』(윤지회 글, 그림 / 사계절) 속 어린 왕자.
난이도 최상급이라 친절히 알려드립니다.

『우주로 간 김땅콩』
(윤지회 글, 그림 / 사계절) 속 어린 왕자

『엄마 아빠 결혼 이야기』(윤지회 글, 그림 / 사계절)에 등장하는 어린 왕자는 직접 찾아보시길. 방긋 아기씨 역시 하객으로 앉아 있다. 정답은 152 페이지에서 확인.

결혼행진곡에 맞춰서 한 걸음, 두 걸음……
아빠는 엄마한테서 눈을 떼지 못했어요.

마성이라 쓰고 등골 브레이커라 읽는다

'내 토끼' 시리즈를 보면 비둘기가 나오고, '비둘기' 시리즈를 보면 꿀꿀이가 나오고, '코끼리와 꿀꿀이' 시리즈를 보면 토끼가 나오고…. 돌고 도는 캐릭터의 등장에 어린이 독자는 환호한다. 뭐 하나 허투루 지나가는 페이지가 없어 각 시리즈를 모두 구비해 둬야 아이들 등쌀에 시달리지 않는다. 장점도 있다. 깨알같이 동물들 찾는 재미에 원서마저 재밌게 본다는 것. 대한민국 아이 키우는 가정마다 각 시리즈의 원서와 번역본이 쌍둥이처럼 꽂혀 있을 것만 같은 마성의 시리즈.

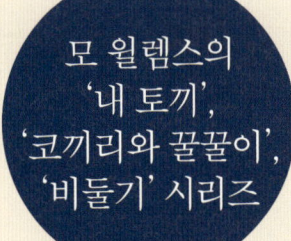

모 윌렘스의 '내 토끼', '코끼리와 꿀꿀이', '비둘기' 시리즈

『내 토끼가 또 사라졌어!』의 주인공 트릭시가 비행기에서 '코끼리와 꿀꿀이' 시리즈를 읽고 있다.

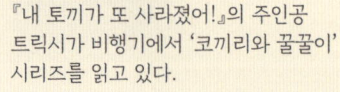

『내 토끼가 또 사라졌어!』 왼쪽에 살짝 보이는 '비둘기' 시리즈, 그리고 서랍장에 기대어 있는 인형은 『정말 정말 한심한 괴물, 레오나르도』 (모 윌렘스 글, 그림 / 웅진주니어)의 레오나르도이다.

『내 토끼가 또 사라졌어!』(모 윌렘스 글, 그림 / 살림어린이)

'내 토끼' 시리즈의 주인공 트릭시가 소중히 여기는 '꼬마 토끼' 인형은 코끼리 제럴드와 비둘기의 애착 인형이기도 하다. 『비둘기를 늦게 재우지 마세요!』(모 윌렘스 글, 그림 / 살림어린이)와 『I Will Take a Nap!』(Mo Willems / Disney - Hyperion)의 표지에서 꼬마 토끼를 찾을 수 있으니 아이와 확인해 보시길. 표지뿐만이 아니다. 『비둘기는 목욕이 필요해요!』의 본문에도 등장하는 꼬마 토끼와 피기를 찾아보자.

『비둘기는 목욕이 필요해요!』(모 윌렘스 글, 그림 / 살림어린이)에 장난감으로 등장하는 돼지 피기와 꼬마 토끼

'코끼리와 꿀꿀이' 시리즈는 면지 역시 놓쳐선 안 된다. 앞 면지와 뒤 면지의 차이점을 찾는 재미가 쏠쏠할뿐더러 뒤 면지에는 꼭 비둘기가 등장해 웃음을 주기 때문. 이 사실을 발견한 아이는 책을 읽기도 전에 면지부터 확인하려 들 것이다. 봄이아트북스 출판사를 통해 '코끼리와 꿀꿀이' 시리즈를 한국어로 만나볼 수 있다.

한 교실에 열일곱 명,
그중 다섯 명이 그림책의 주인공

『건축가 이기 펙의 엉뚱한 상상』(안드레아 비티 글, 데이비드 로버츠 그림 / 천개의바람)이 나왔을 때는 그저 같은 반 친구들인 줄만 알았다. 두 번째, 세 번째 시리즈가 나오면서 확신했다. 작가들은 다 계획이 있구나. 건축가 이기 펙, 발명가 로지, 과학자 에이다, 정치가 소피아에 이어 일러스트레이터 에런까지 이기 펙과 같은 반이었던 친구들이 줄줄이 책 속의 주인공으로 등장하고 있다. 그래도 끝은 보인다. 열일곱 명. 열두 권만 더 사면 되는구나, 하하하.

'꿈꾸는 아이' 시리즈

이 책은 로지 리비아에 대한 이야기예요.
훌륭한 발명가가 되겠다는 꿈을 이룬 아이지요.
학교에서 수업 시간이면
로지는 가만히 앉아 있었어요.
부끄러움이 많아 입도 뻥끗하지 않았답니다.

일러스트레이터 에런
과학자 에이다
정치가 소피아
발명가 로지
건축가 이기 펙

『발명가 로지의 빛나는 실패작』
(안드레아 비티 글, 데이비드 로버츠 그림 / 천개의바람)

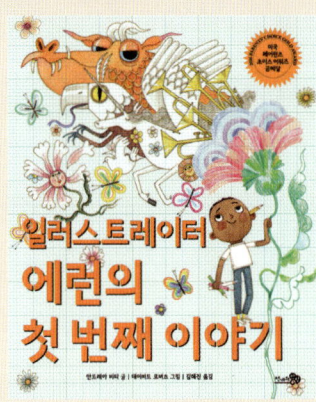

'꿈꾸는 아이' 시리즈 5권

『건축가 이기 펙의 엉뚱한 상상』
『발명가 로지의 빛나는 실패작』
『과학자 에이다의 대단한 말썽』
『정치가 소피아의 놀라운 도전』
『일러스트레이터 에런의 첫 번째 이야기』
(모두 천개의바람)

이번엔 한국의 교실이다!

국내에도 같은 반 친구들이 우르르 등장하는 그림책이 있다. 바로 장갑 초등학교의 개성 넘치는 장갑을 주인공으로 한 유설화 작가의 장갑 시리즈이다. 맨 처음 출간된 『잘했어, 쌍둥이 장갑!』(유설화 글, 그림 / 책읽는곰)에서 작가는 "열 명의 장갑 아이 중에서, 여러분은 어떤 아이를 닮았나요? '내 이야기는 언제 나올까?' 하고 기다리는 친구들을 떠올리며 다음 이야기, 그다음 이야기를 이어가 보려고 해요."라고 작가의 말을 전하고 있다. 유설화 작가야말로 다 계획이 있었다! 말썽꾸러기 쌍둥이 장갑을 필두로 걱정이 많은 비닐장갑과 욕심 많은 레이스 장갑까지 세 권의 시리즈가 연이어 독자들을 만난 가운데, 과연 다음 주인공 장갑은 누굴까? 여기서 끝이 아니다. 작가는 작품 속에 캐릭터만 심어 둔 게 아니라 자신의 전작까지 그려 넣는 치밀함을 보여 준다.

유설화의 '장갑' 시리즈

『용기를 내, 비닐장갑!』속 장갑 캐릭터들. 교실 바닥에 유설화 작가의 전작인 『슈퍼 거북』, 『슈퍼 토끼』, 『으리으리한 개집』과 '장갑' 시리즈 1권 『잘했어, 쌍둥이 장갑!』이 보인다.

『슈퍼 토끼』(책읽는곰) 속에 등장하는 유설화 작가의 작품들. 책읽는곰 출판사가 이 페이지를 보고 작가에게 "스릉흔드" 말하지 않았을까.

146 페이지 정답

『잘했어, 쌍둥이 장갑!』
『용기를 내, 비닐장갑!』
『욕심은 그만, 레이스 장갑!』(모두 책읽는곰)

글_ 하예라

『달 가루』 이명하 작가

"달 토끼가 달 가루를 만들듯, 계속 그림책을 만들고 싶다."

Q. 작가 이명하에 대해 소개해 주세요.

안녕하세요. 『달 가루』 작가 이명하입니다. 현재 교육 관련 회사에 다니고 있어요. 퇴근 후에 저의 정체성을 찾기 위해 조금씩 이야기를 만들며 그림을 그리고 있습니다.
멋진 작업실을 갖는 것이 로망이지만 '집에서도 할 수 있는데 뭐하러……'라는 합리적인 사고력도 있습니다. 아이가 호기심에 들여온 금붕어를 떠맡아서 6년째 잘 키우고 있고, 요즘 저에게 선택불가증후군이 생긴 것 같아 와이프에게 조금 미안합니다.

Q. 그림책 작가가 된 계기는 무엇인가요?

아직 그림책 작가라고 하기엔 좀 쑥스럽고 부족해요. 누군가는 생각을 글로 쓰고, 음악으로 만들고, 영화로 만들잖아요. 저는 저한테 익숙한 그림으로 표현하는 것 같아요. 혼자 있는 시간을 좋아하고, 혼자 공상하고 새로운 세상을 만드는 것이 제가 제일 잘할 수 있는 일이에요.

Q. 신간 『달 가루』 아이디어는 어떻게 시작됐을까요?

'무슨 이야기를 만들까?' 고민하며 아파트 단지 내 산책 중에 달을 봤어요. 아마 반달보다 조금 더 깎여 있었을 거예요. '아! 달이 많이 깎였구나. 누가 저랬을까?', '왜 달을 깎았을까?' 생각하게 됐어요. 누군가 그랬죠? 질문이 중요하다고. ^^

Q. 『달 가루』 독자들에게 전하고 싶은 한마디 부탁 드려요.

『달 가루』를 보시고 조금이라도 행복해지면 좋겠어요. 여러분이 있어서 저는 계속 작업할 수 있어요. 달 토끼처럼 어디선가 여러분들 모르게 여러분을 위해서 일하는 이들이 있다는 것도 기억해 주세요. 그래서 세상이 둥글게 돌아가나 봐요.

『달 가루』
이명하 글, 그림 | 웅진주니어

웅진주니어

WMU NEWS - University Libraries acquires David Small and Sarah Stewart archive, 2020.02.20

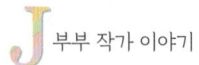

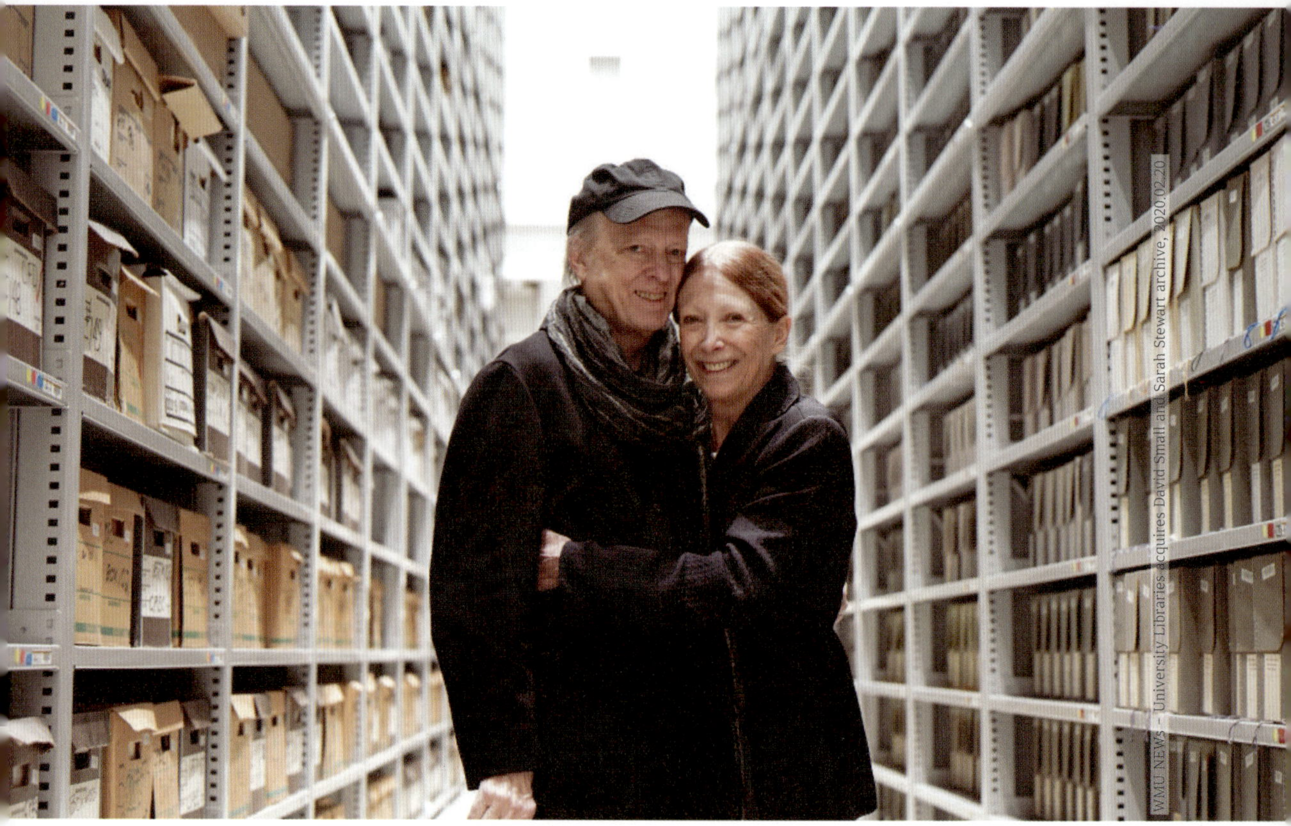

데이비드 스몰,
사라 스튜어트

아픔이 그림책으로 승화되다
- 『도서관』과 『리디아의 정원』의 두 작가는 부부랍니다.

『*The Money Tree*』(Sarah Stewart, David Small / Farrar, Straus & Giroux)

그림책과 사랑에 빠지면 점점 욕심이 생겨 그림책 이론서나 그림책 작가론을 공부하게 된다. 작가 이야기를 알고 책 속에서 작가의 삶과 연결 고리를 찾을 때면 작가와 직접 대화를 나누는 듯, 재미와 감동이 더욱 깊어져 덕후의 보람을 느낀다. 하지만 새로운 고민의 시작점이 되기도 한다. 작가의 삶에 대한 지식이 고정된 프레임이 되어 그림책을 읽을 때 순수한 감상을 방해하기 때문이다. 무엇을 택할 것인가 고민을 하던 나에게 명쾌하게 결론을 내게 한 부부 작가 이야기가 있다. 그림책 세계에서 금슬 좋은 부부로 유명한 사라 스튜어트와 데이비드 스몰 부부. 이 부부의 인생 이야기를 알게 되면 의외의 사실에 놀라게 된다. 그리고 그들의 작품을 더욱 사랑하게 된다.

데이비드 스몰은 칼데콧 대상(2001년), 두 번의 칼데콧 명예상(1998년, 2013년) 수상 등 그림책을 통해 사회적 성공의 정점에 이른 작가이다. 2009년 자전적 그래픽 노블『바늘땀』에서 어두운 성장사를 밝혔을 때 독자들은 당황했다. 그의 작품들은 하나같이 유쾌하고 밝고 환한 이미지였기 때문이다. 어린 시절의 데이비드 스몰은 아버지의 묵인하에 성소수자이자 신경증을 앓던 어머니의 정서적 학대에 시달렸다. 병약했던 데이비드 스몰에게 의사였던 아버지는 치료 효과를 맹신했던 엑스선을 과다하게 투사했다. 11살 데이비드에게 갑상선암이 발견되었지만 부모의 무관심 속에 방치되었다가 결국 14살 때 갑상선과 성대 일부를 절제하고 목에 큰 흉터를 지니게 됐다.

현재 그는 글 작가 사라 스튜어트와 함께 부부 작가로 왕성한 작품 활동을 펼치고 있다. 두 사람은 평상시 서로를 영혼의 쌍둥이라고 부른다. 데이비드 스몰이 1945년생, 사라 스튜어트가 1939년생이다. 연상의 사라를 만나 결혼 생활을 통해 상처를 치유했겠구나 싶어 사라 스튜어트의 자료를 찾아봤지만 간단한 작가 약력 외에는 알려진 것이 거의 없었다. 궁금증에 십여 년간의 인터뷰 기사를 찾는 덕심을 발휘, 두 사람의 흩어진 인생 퍼즐 조각을 찾아 맞추고 큰 충격을 받았다.

작가를 알면 작품이 보이고, 작품 안에 작가가 보인다

앨리스를 이상한 나라로 인도한 회중시계를 찬 토끼처럼 심리 상담사 해럴드는 방황하는 청소년기의 데이비드 스몰이 상처를 직면하고 성장하도록 도와주었다. 『바늘땀』(데이비드 스몰 글, 그림 / 미메시스)

사라 스튜어트 역시 알코올 중독 어머니의 극심한 폭행에 시달린 아동 학대 피해자였다. 어머니의 폭행에 뼈가 부러지기도 했던 어린 시절의 사라 스튜어트는 어머니를 피해 구석진 옷장 속이나 텃밭의 울창한 수풀 속으로 숨어들곤 했다. 그녀의 작품 속에서 상자 같은 네모난 공간과 정원이 편안한 안식처로 종종 등장하는 이유이기도 하다.

유년기의 어두운 상처를 간직한 두 사람이 부부로 만나 함께 만든 그림책 속에 인간에 대한 믿음과 사랑이 담겨 있다니 어떻게 가능한 것일까. 그들에게는 제 2의 부모처럼 사랑으로 지켜준 존재가 있었다. 이 세상을 살아가며 진정한 사랑과 믿음을 주는 이가 단 한 사람이라도 있다면 아이들은 삶을 포기하지 않고 자기 삶을 살아간다. 데이비드 스몰은 『바늘땀』에서 「이상한 나라의 앨리스」의 회중시계를 찬 흰 토끼 의사 선생님으로 등장했던 심리 상담사 해럴드에게 12년간 심리 상담을 받았다. 암 수술로 목소리를 잃고(10여 년 후에 회복) 부모에 대한 분노와 절망감에 폭주하는 데이비드에게 해럴드는 환자와 의료진의 관계를 뛰어넘어 데이비드 스몰의 재능을 격려해 주고 원가정에서 독립을 도와주는 등 믿을 수 있는 어른이자 보호자 역할을 해 주었다.

『이사벨의 방』
(사라 스튜어트 글, 데이비드 스몰 그림 / 시공주니어)

『The Friend』(Sarah Stewart, David Small / Farrar, Straus & Giroux)

『The Friend』에는 사라 스튜어트의 어린 시절이, 『이사벨의 방』에서는 사라 스튜어트가 안전한 옷장 속에 숨어 책과 곰돌이 리처드에게 위로를 받던 기억이 주인공 이사벨이 '고요의 방'에서 책 읽는 모습으로 고스란히 살아났다.

사라 스튜어트는 어린 시절 가정부 베아 아주머니에게 어머니에게 받지 못했던 무조건적인 사랑과 삶의 기쁨을 배웠다. 베아 아주머니와 사라의 이야기는 2004년 『The Friend』에 부부 작가의 글과 그림으로 아름답게 되살아났다.

두 사람은 서로의 상처를 한눈에 알아보고 결혼을 했고 각자의 창작 세계를 존중했다. 오랜 저술 활동에도 출간에는 뜻이 없던 사라 스튜어트는 어머니의 장례식에서 돌아오다가 이야기를 떠올렸다. 자신의 모습을 꼭 빼닮은 맥 아주머니를 등장시킨 1991년 『The Money Tree』를 통해 자기만의 삶의 행복과 방향성에 대한 의지 표명을 하며 세상 밖으로 목소리를 내기 시작했다. 이 책은 부부가 함께 작업한 첫 작품으로 『돈이 열리는 나무』(미세기)로 번역되었지만 아쉽게 절판되었다. 부부는 함께 유년기의 추억과 자신들의 오랜 이웃, 친구들의 이야기를 아름다운 글과 그림으로 담아냈다. 특히 1997년 『리디아의 정원』은 대공황 시절을 배경으로 사랑과 믿음으로 어려운 시절을 극복해가는 이야기를 담아 수많은 사람들에게 희망을 선물했다. 이 작품은 1998년 칼데콧 명예상을 수상하며 부부에게 삶의 안정과 사회적 명예를 가져다주었다.

하지만 어두운 성장기의 상처는 심연의 괴물처럼 언제고 다시 찾아와 괴롭히기 마련이다. 글쓰기는 과거와 직면하고 상처를 치료하는 치유제가 되어 주었다. 데이비드 스몰은 어린 시절 아버지 병원에서 태아 표본을 목격한 충격으로 수십 년간 난쟁이에게 쫓기는 악몽을 꾸었고 외가 쪽 혈육들에게 이어진 정신병이 결국엔 자신을 덮칠 것이라는 불안에 시달렸다. 데이비드 스몰은 『바늘땀』 집필을 통해서 봉인되었던 과거의 기억을 다시 불러내 직면하면서 어린 시절을 객관화했다. 괴물로만 생각했던 부모를 불행한 결혼 생활의 또 다른 피해자였던 아버지로, 부모에게 학대받고 자신의 성 정체성을 감

『도서관』(사라 스튜어트 글, 데이비드 스몰 그림 / 시공주니어)

『리디아의 정원』(사라 스튜어트 글, 데이비드 스몰 그림 / 시공주니어)

『한나의 여행』(사라 스튜어트 글, 데이비드 스몰 그림 / 비룡소)

추며 사회적 가면 속에서 끝없이 고통받은 어머니로, 수십 년이 지나서야 상처받은 한 인간으로 그들을 이해하게 되었다. 수년간에 걸친 집필 작업은 잘못된 가족사의 굴레, 광기의 대물림을 끊어 내고 그를 자유롭게 했다. 또한 이들 부부는 북토크를 통해 만났던 세상 속의 아이들이 책과 점점 멀어지는 것이 안타까워 자신들이 경험한 책 속의 치유와 희망의 힘을 2019년 『This Book of Mine』을 통해 우리에게 전하고 있다.

부부 작가의 어두웠던 삶을 알기에 그들의 작품은 더 빛이 나고 감동이 된다. 작가의 삶 이야기는 그림책 감상의 깊이를 더해 준다. 다만 독자는 그림책이 작가의 다큐가 되지 않도록 항상 경계해야 한다. 작가 이야기를 파고들기 전에 충분히 그림책 감상 시간을 갖는 등 오늘도 나는 '선감동, 후덕질'이란 위태위태한 줄 위에서 균형 잡기에 노력 중이다.

글_ 오현수

『This Book of Mine』(Sarah Stewart, David Small / Farrar, Straus & Giroux)
책 속의 즐거움과 마법에 푹 빠져 있는 노년의 부부 작가 모습과 곰돌이 리처드를 찾아보자.

덕질로 찾아낸 그림책계의 데이비드 스몰

David Small (1945~)

유년기
어머니의 정서적 학대와 부모의 방임. 11세 암 발견, 방치로 14세에 수술. 외로움과 마음의 상처를 그림 그리기와 디즈니 만화 영화 「이상한 나라의 앨리스」로 달랬다.

> 40여 년 결혼 생활 동안 영혼의 동반자로 살아요.

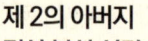

제 2의 아버지
정신 분석 심리 상담사 해럴드
청소년기 분노와 방황으로 12년간 심리 상담. 미술 재능을 격려해 주고 사랑을 주었다. 어른과 보호자로서 역할 모델과 자립에 실제적 도움을 주었다.

『내 머리에 불 났어!』에 숨어 있는 『율라리와 착한 아이』 주인공들을 찾아보세요.

첫 작품 『율라리와 착한 아이』에서 어린 시절 부모에게 거부당한 기억을 떠올리며 아이 '그대로의 모습'을 사랑해 달라고 호소

> 도서관은 상처 입은 우리에게 쉼터가 되어 주었어요.

> 비관주의자인 나는 낙관주의자인 사라와 작업하며 세상을 보는 균형을 잡았답니다.

슬럼프 정면 돌파형
· 규칙적인 생활 – 매일 아침 7시~저녁 6시 스튜디오 작업
  – 저녁에는 사라와 함께 휴식
· 스트레스 해소법 – 음악 크게 듣기
  – 컴퓨터로 전 세계 친구와 소통
· 슬럼프는 자기 일의 가치와 중요성을 믿고 그냥 계속하는 것으로 극복한다.

대표 단짝부부 & 사라 스튜어트

부부 작가 이야기

글_ 오현수, 그림_ 김리연

Sarah Stewart (1939~)

유년기
알코올 중독 어머니의 폭행을 피해 곰 인형 리처드와 함께 옷장 속이나 텃밭에 숨어 상상의 이야기 나라로 도망쳤다.

"1972년 처음 본 그의 그림에서 나와 같은 상처 입은 영혼을 보았어요."

제 2의 어머니
가정부 베아 아주머니
5살 생일날 도서관에 데려가 독서의 즐거움을 알려 주었다. 무한한 사랑과 보살핌으로 밝고 긍정적인 가치관을 심어 주었다.

책은 희망을 주고 고단한 인생길에 치유제가 되어 줍니다.

첫 작품 『돈이 열리는 나무』에서 자신이 살고자 하는 삶의 모습과 방향성에 대한 강한 의지를 표명했다.

부부의 작품 곳곳에 숨어 있는 사라의 곰돌이 인형 리처드를 찾아보세요.

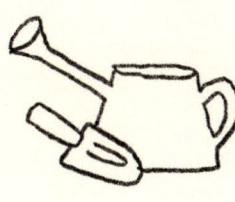

"서로의 작업 공간과 창작 세계를 존중해요. 한 집에 살아도 작품 협의는 출판사를 통한답니다."

진지한 사색가형
· 매일 고요함 속에 라틴어 사전 읽으며 묵상하기
· 다양한 분야의 책 읽기
· 친구와 이웃들의 이야기를 소재로 타자기로 글쓰기 활동
· 친구들에게 손편지 쓰기를 즐김
· 야생화 꽃밭, 과수원, 텃밭 등 정원 가꾸기가 취미

칼럼: 다이내믹 그림책 육아

그림책 읽고 자란다고 그림같이 클 것 같나요?

"잠시 실례 좀 하겠습니다. 뿡~~~~~."

오늘도 당했다. 내 얼굴 위로 방귀를 뿡 뀌고 깔깔대며 웃는 아이는 요새 『엉덩이 탐정』(트롤 글, 그림 / 미래엔아이세움) 시리즈에 빠져 있다. 얼굴은 엉덩이지만(엉덩이 모양이 아님 주의) IQ는 1,104로 높아 모든 사건을 척척 해결하는 엉덩이 탐정. 그런데 반전이 있다. 아이가 좋아하는 인물은 엉덩이 탐정이 아니라 물건을 훔치는 괴도 유라는 사실. 이유는 잘생겨서. 괴도 유 얼굴은 똥 모양인데!

이상형이 잘생긴 똥이라니, 딸아, 엄마 잠깐 눈물 좀 닦고 올게. 엉덩이 탐정이 좋아하는 음식은 따뜻한 홍차와 고구마파이. 이 책을 읽은 후로 딸은 가끔 고구마파이를 찾는다. 한 끼 가볍게 때울 요량으로 "고구마파이를 아침, 점심, 저녁 중 언제 줄까?" 물어보니 딸은 이렇게 대답했다. "고구마파이를 삼시 세끼에 가두지 말아 줄래요?"

그림책은 엄마가 읽고
요리는 아빠가 한다!

───────

유튜브의 알고리즘에 이끌려 삼양식품에서 만든 불닭볶음면 뮤지컬 「불타오르게 위대하게」(상영 시간 2분 8초, 그룹 (여자)아이들 전소연 노래)를 아이와 함께 시청한 적이 있었다. '라면이란 틀에 얽매이지 않는 불닭에게 한계란 없다.'는 엄청난 주제 의식이 담긴 작품을 아이는 매우 인상 깊게 본 것 같았다. '불닭볶음면을 먹어 본 적이 있느냐, 사리곰탕면보다 맵냐(아이의 최애 라면이 사리곰탕면이다)' 등을 묻다가 노래 가사 중 '날 삼시 세끼에 가두지 말아 줄래'가 무슨 뜻이냐고 물었다. "삼은 셋이고, 시는 시간이야. 세끼는 아침, 점심, 저녁에 먹는 밥이고. 라면을 아침, 점심, 저녁 정해진 시간에만 먹는 게 아니라 간식으로도 먹고 아무 때나 먹고 싶을 때 먹을 수 있도록 해 달라는 얘기야."라고 설명해 주니 아이는 알겠다는 듯이 고개를 끄덕였다. 그리곤 그 주말 점심, 우리는 불닭볶음면과 사리곰탕면을 삼시 세끼에 가두지 않고 아점으로 먹었다.

늘 고구마파이나 라면으로 삼시 세끼를 때울 수는 없다. 여유 있는 아침에는 아이와 함께 샌드위치를 해 먹는다. 엄마가 해 줄 때는 구운 식빵을 두 조각으로 나눠 한 조각에는 초코잼, 나머지 조각에는 딸기잼을 발라 줄 뿐이지만 아빠가 등판하는 날에는 에그 스크램블도 끼워 넣는다. 달걀 물에 소금과 설탕을 넣고 휘젓는 건 아이 몫이다. 다섯 살부터 시작한 달걀 요리는 일곱 살이 되어 더욱 야물어졌다. 『계란말이 버스』(김규정 글, 그림 / 보리)를 본 날엔 계란말이를 했다. 『엉덩이 탐정』에 나오는 보들보들 달걀 오므라이스를 만든 날엔 '보들보들'의 느낌을 살리려고 아이가 휘핑을 얼마나 열심히 했는지 모른다. 기대에 부응하기 위해 달걀 물을 곱게 체에 내려 유튜브로 배운 럭비공 오믈렛을 만드는 아빠의 모습을 바라보며 생각했다. '그림책은 엄마가 읽고 요리는 아빠가 한다. 좋은데?' 달콤한 경양식 소스까지 곁들인 보들보들 달걀 오므라이스는 그야말로 역대급 반응이었다.

그렇다면 엄마도 질 수 없지. 어린이집에서 나오는 반찬 중 메추리알 조림이 제일 맛있다는 딸에게 직접 메추리알 조림을 만들어 보자 제안했다. 아이는 신이 나서 주방에 들어섰다. 물에다 간장과 올리고당을 섞고 저어 주고선 물이 끓을 때까지 기다리는 동안 아이는 잠시 블록을 가지고 놀았다. 이제 메추리알만 간장 물에 넣으면 되는데 자칫 끓는 물이 튈까 봐 아이와 함께하기엔 어려워 보였다. 아이에게 말도 없이 끓는 냄비에 메추리알을 투하했다. 잠시 뒤, 아이는 냄비에 가득 담긴 메추리알을 보고 화가 나서 소리를 질렀다. "엄마는 같이 만들기로 해 놓고 혼자서 다 하는 게 어딨어요!" 씩씩대며 방으로 들어가 버린 딸은 잠시 후 내게 편지를 주고 갔다. '엄마는 그 달걀로 나를 괴롭혔어요. 잘~~~생각해 봐요.' 잘~~~생각해 본 엄마는 다시 한번 다짐했다. 그림책은 엄마가 읽고 요리는 아빠가 한다.

음식이 나오는 그림책을 보고 나면 아이와 요리를 하고 싶은 로망이 있었다. 나의 똥손과 얕은 인내심은 고려하지 않은 채, 과정 샷이 빠진 육아 관련 책을 넘기며 빵 굽는 냄새에 흐뭇한 미소를 짓는 나와 아이를 상상했다. 이제 안다. 음식 그림책을 보면 사서 먹는 게 가장 행복한 그림책 육아라는 것을. 『초밥이 빙글빙글』(구도 노리코 글, 그림 / 책읽는곰) 읽고 회전 초밥집 가고, 『아이스크림 여행』(피터 시스 글, 그림 / 시공주니어) 읽고 아이스크림 가게에 가서 신기한 아이스크림 이름 읽으며 깔깔 웃고, 『장수탕 선녀님』(백희나 글, 그림 / 책읽는곰) 읽고 욕조에서 요구룽(요구르트)을 마시면 충분하다. 그걸 아는 사람이 또 애랑 요리한다고 설레발치다가 반성문 쓰게 생겼다.

요구룽을 마시며 신나게 물놀이를 하고서 읽는 잠자리 독서 책은 『멸치 대왕의 꿈』(천미진 글, 이종균 그림 / 키즈엠). 메추리알 사건도 있고 하니 좀 더 맛깔나게 읽어 줬는데, 삼천 살 먹은 멸치 대왕이 꾼 꿈 이야기를 듣고 난 아이의 한마디, "내일은 멸치볶음 먹어요." 딸아, 책 본 것 맞지? 그래, 뭐든 재밌게 보고 맛있게 먹으면 그게 남는 거지. 내일은 멸치볶음에 김 싸 먹자! 그림책 덕분에 한 끼 한 끼가 예사롭지 않다.

글_ 하예라

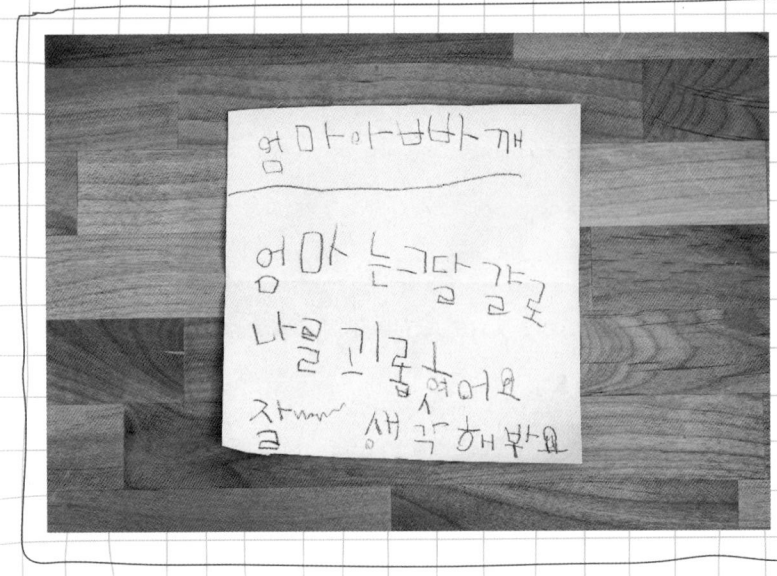

딸이 엄마에게 보낸 편지

눈치 보지 말고, 하고 싶은 말.
"싫어요 싫어요"

싫다고 말하면 나쁜 건가요?
정말 싫을 때에는 그럼 뭐라고 말하죠?
우리도 싫다고 말할 수 있어요.
딱 하루 그날만 빼고요……

박정섭 그림책
210X290(mm) | 56쪽 | 양장 | 15,000원

킨더랜드+반달 새 그림책

한나마리 루오호넨 그림책·이지영 옮김
215X215(mm) | 36쪽 | 14,000원

엘레오노라 가리가 글·사비나 알바레스 슈르만 그림·문주선 옮김
200X230(mm) | 36쪽 | 15,000원

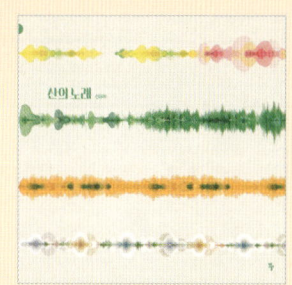

신유미 그림책
248X240(mm) | 48쪽 | 15,000원

킨더랜드 경기도 파주시 회동길 512 B동 3층 | 031-919-2734

제19회 일본 그림책 대상 수상작

"이것저것 모든 기분을 파는 신기한 가게"

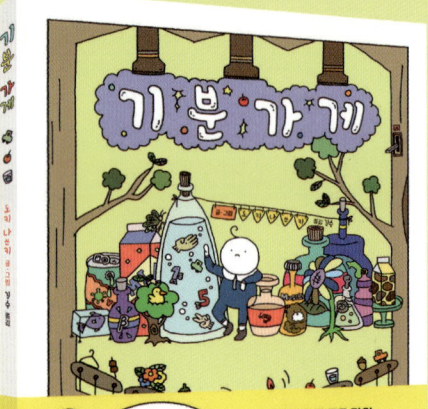

도키 나쓰키 글·그림
김숙 옮김
13,000원

"오늘은 무슨 기분이 되어 볼까?"

전구를 산 날
스위치의 기분

낚시한 날
물고기의 기분

감기에 걸린 날
세균의 기분

주니어김영사 도서

김혜선 글·그림 | 13,000원

앨 맥쿼시 글 | 레베카 기분 그림
김소연 옮김 | 12,000원

루카 토르톨리니 글 | 마르코 소마 그림
이현경 옮김 | 13,000원

J 『우리는 딱이야』 그림 작가 – 편집자 – 글 작가

글, 그림 작가가 따로 있는 경우 직접 소통하기보다 대부분 편집자의 진두지휘하에 책을 만든다. 글 작가 사라 스튜어트와 그림 작가 데이비드 스몰은 부부지만 일할 때는 편집자를 통해 의견을 전달한다. 『우리는 딱이야』(민 레 글, 댄 샌탯 그림 / 보물창고)에서 환상의 팀워크를 보여 준 편집자와 두 작가 인터뷰를 통해 각자의 역할과 고민을 들어 보자.

편집자 로템 모스코비치 Rotem Moscovich
· 2006~2010년 스콜라스틱 근무
· 2010~2019년 디즈니 하이페리온 근무
· 2019년~현재 Alfred A. Knopf Books for Young Readers 그림책 부문 편집국장
· 편집한 책: 『나 혼자 읽을 거야!』, 『잘 자, 올빼미야!』, 『내가 엄마라니!』, 『규칙이 있는 집』 등 다수

우리는 딱이야!
삼위일체
글 작가, 그림 작가, 편집자

그림 작가 댄 샌탯 Dan Santat
· 태국계 미국인
· 아트센터 디자인 칼리지 졸업
· 2004년 『The Guild of Geniuses』로 데뷔
· 2015년 『비클의 모험』 칼데콧 대상 수상
· 80여 권이 넘는 아동문학 도서 출간

글 작가 민 레 Minh Lê
· 베트남계 미국인
· 국내 출간 그림책: 『나 혼자 읽을 거야!』, 『우리는 딱이야』, 『문이 열리면』
· 유아 정책 전문가
· 아동문학 평론가
· 2018 보스턴글로브 혼북 상 심사위원

일러스트 : 김리연

| 인터뷰: 『우리는 딱이야』 그림 작가 댄 샌탯

"그날 이후, 여섯 명이 비클 문신을 했어요."

항상 열정적인 이 남자, 2015 칼데콧 대상 수상 작가 댄 샌탯이
『라키비움J』 독자에게 보내온 내밀하고 솔직한 이야기

작품에서 가족에게 바치는 헌사를 종종 봅니다. 결혼과 부모 역할은 당신의 작품에 어떤 영향을 미쳤나요?

아이가 어렸을 때 구글이 제안한 일자리를 거절하는 게 꽤 힘들었어요. 매일 'Google'이라 적힌 그림 그리기는 하고픈 일이 아니었어요. 좋은 어린이 책은 세대를 이어가지만 Google Doodle은 하루만 노출되고 세상은 잊어버려요. 거기에 대기업 근무로 가족과 멀어질 것 같았습니다. 취미도 없이 일만 많이 하던 아버지는 은퇴 후 돈은 있지만 뭘 할지 몰랐어요. 그때 저는 돈만 버는 것보다 삶이 더 중요하다는 것을 깨달았습니다.

하지만 결혼하고 아이를 낳자 돈을 벌어야겠다 생각했어요. 내 작품이 영혼을 가지고 사람들에게 사랑받기를 바라는 제가 이기적으로 느껴져 갈등했지요. 다행히 일이 잘 풀려서 둘 다 챙기고 있지만, 모두 자신을 믿고 실력을 쌓은, 고된 노력의 결과물입니다. 육아는 '아이가 되는 것'이 어떤 것인지 잊어버린 저에게 더 좋은 작가가 되게 해 주었습니다. 아이들은 어린이의 특별함을 상기시켜 주지요. 과거의 저는 제가 좋아할 만한 것을 글로 썼지만, 지금은 제 아이들을 위해 씁니다. 가족은 당신이 최고의 작품을 만들도록 영감을 줄 수 있습니다.

댄 샌탯

"항상 내 자신이
100% 미국인은 아닌 것 같았어요."

"지금은 제 아이들을 위해 써요."

『비클의 모험』, 『아직 멀었어요?』, 『떨어질까 봐 무서워』는 가족에 대한 이야기라 들었습니다. 독자들에게 구체적인 이야기를 들려주세요.

'비클'은 큰아들 알렉의 첫마디였어요. 자전거를 가리키며 "바이시클"이라 하고 싶었지만 "비클"이라고 했지요. 학교 등교 첫날 엄청 긴장했던 아이를 추억하며 아들이 첫 친구를 사귀는 이야기를 썼어요. 『아직 멀었어요?』는 자신이 가진 시간을 즐기는 내용이에요. 둘째 아들 카일은 항상 형을 부러워하고 어른이 되고 싶어 마음이 급했어요. 저는 카일이 유년기를 즐겼으면 했습니다. 책 속 가족은 2059년, 미래에 다녀와요. 둘째가 50세가 되는 해랍니다. 『떨어질까 봐 무서워』는 출산 후 우울증으로 힘들어하던 아내 레아의 이야기를 담은 책으로, 제 인생 최고의 작품이라고 생각합니다.

2004년 첫 그림책 출간 후 10년 만에 『비클의 모험』으로 칼데콧 대상을 받았습니다. 기억에 남는 에피소드가 있나요?

발표되기 약 한 달 전, 편집자 코니 슈는 제가 칼데콧 상을 받으면 비클 문신을 하겠다고 했어요. 수상하면 저도 같이 할 거라 했지요. 수상자 발표 전화를 받자마자 문자를 보냈습니다. "우리가 문신을 하게 됐어!" 저는 왼팔에 비클 왕관을, 코니 슈는 오른팔에 배 타고 항해하는 비클 문신을 했어요. 칼데콧 상 심사위원 네 명도 같이 비클 문신을 했어요. 『Publisher's Weekly』는 기사에서 이 이야기를 "The Caldetats"라고 불렀답니다. 가

『비클의 모험』(아르볼)

『아직 멀었어요?』(아르볼, 절판)

『떨어질까 봐 무서워』(위즈덤하우스)

족들은 기뻐했지만 이 상이 뭔지도 잘 몰랐어요. 뉴욕 타임스 베스트셀러 목록에 소개되고 샌프란시스코에서 열린 시상식 연회에 참석했을 때야 대단한 상인 걸 알았지요.

"의사가 될 순 없었어요.
고민의 순간, 마음의 소리를
따라갔어요."

———

의사가 되길 바라던 부모님의 압박에도 불구하고 자신만의 길을 찾게 된 계기는 무엇인가요?

아시아계 아이들은 낳아 주신 부모님께 성공한 삶으로 갚아야 한다는 생각을 합니다. 저는 예술과 스토리텔링을 사랑하고 과학은 싫어했지만 부모님을 기쁘게 해 드리기 위해 최선을 다했어요. 하지만 대학에서 생물학을 공부하면서 의사가 되면 확실히 불행하겠다 싶었어요. 제가 미술 대학에 가면 일도 잘하고 행복할 거라며 학교 친구들이 절 설득했어요. 마음이 진짜 원하는 것은 부정할 수 없습니다.

해리포터 시리즈로 유명한 출판사에서 2004년 첫 그림책을 출간하며 출판계에 혜성처럼 등장했습니다. 작가로 데뷔할 때 이야기를 들려 주세요.

제 성공의 큰 바탕은 뛰어들고자 하는 분야의 시장을 공부하는 것입니다. 항상 작은 규모로 시작해 시간이 지날수록 사업을 키우는 것이 제 목표였어요. 작품을 만들고, 홍보하고, 적절한 사람을 만나는 것이 저의 간단한 전략입니다. 대부분의 예술가들은 내성적이고 사람들과 대화를 좋아하지 않는 등 시장 조사나 진로에 접근하는 방법에 대한 비즈니스 마인드가 없다고 느낍니다. 이 차이가 저에게는 큰 이점이 되었어요.

2014년 한 해에만 14권 출간, 80여 권 넘는 책 작업 등 일 중독자로도 유명합니다. 어떻게 그 많은 작업을 다 할 수 있나요?

저는 미술 대학에서 재능 부족을 느꼈지만 열심히 노력하면 극복할 수 있다는 생각으로 항상 열심히 일했습니다. 프리랜서에게 일이란 또 언제 돈 버는 일이 생길까 끊임없는 걱정거리입니다. 새 일거리가 마지막이 될 수도 있어요. 열심히 일하는 비결은 하루에 한 번씩 되새기는 거예요. '내가 내 창작물을 신경 쓰지 않으면 누가 신경 쓰겠는가?' 일종의 정신력 싸움입니다. 제 모든 성과에도 불구하고 끊임없이 제 자신을 증명해야 한다고 느낍니다. 저는 제 방식이 좋아요. 제가 긴장을 풀면 성취하기 위해 노력했던 모든 것을 잃을 것 같아요.

베트남 할아버지가 태국인이 된 이유?

원서의 겉싸개를 벗기면 손자와 함께 그림을 그렸던 할아버지의 까만 스케치북 모양의 표지가 나타난다. 우리말 책 표지의 책등에 놓인 까만 색연필과 함께 이런 세심한 장치들은 두 주인공이 함께 만든 책 속 세상을 암시한다.

『우리는 딱이야』(민 레 글, 댄 샌탯 그림 / 보물창고) 책에는 본문 글이 별로 없습니다. 짧은 본문을 그림으로 표현하기 위해 글 작가와 어떻게 소통하셨나요?

일단 원고를 읽고 나면 그 기억을 지우기 바쁩니다. 글 작가와 그림 작가는 편집자를 통해 소통하기 때문에 의문점이 생기면 편집자를 통해 확인하지만 이것 역시 매우 드문 일입니다. 보통, 제가 알아야 할 것들은 모두 원고 안에 있어요. 저는 아무런 방해도 받지 않고 그저 그 작품에 생명을 불어넣을 뿐입니다. 운 좋게도 글 작가 민 레와는 좋은 친구가 되어 자주 이야기를 나누었고 책을 위해 최선을 다하는 제 판단을 늘 믿어 주었습니다.

원서의 겉싸개를 벗기면 속표지가 할아버지의 스케치북 표지 모양입니다. 이 디자인을 선택한 이유가 있나요?

책 속의 그림들은 손자의 배낭에서 꺼낸 종이와 할아버지의 스케치북에 그린 그림들이 대부분이에요. 독자가 이야기를 읽어 가면서 할아버지의 스케치북을 넘기는 느낌을 받게 하고 싶었습니다.

이 책의 그림은 이전의 작품들과는 뭔가 달라진 것 같아요. 그림 기법이나 작업 방식에 변화가 생긴 건가요?

이 이야기에서 저는 그림 작가 댄 샌탯이 아니라 책 속의 손자와 할아버지가 되어 그리려고 노력했습니다. 주인공들이 자신을 반영해서 그린 그림이라서 책 속에 배경으로 나온 그림도, 마법사와 전통 무사 그림도 주인공들의 일부분처럼 느껴지는 것이 중요했습니다.

두 작가가 모두 조부모에게 헌사를 바쳤습니다. 주인공 할아버지는 나중에 태국 전통 의상을 입고 등장하는데 조부모가 책 작업에 영향을 주었나요?

민 레와 저, 우리는 둘 다 언어 장벽 때문에 조부모님과 의사소통을 할 수 없었던 경험이 있어요. 미국에서 태어나 성장한 저에게 부모님께서는 미국 문화에 섞이는 능력이 더 중요하다고 생각해서 태국어를 가르쳐 주지 않

> 책 속 주인공들이 직접 자신을 그린 느낌을 주기 위해
> 마커 펜과 색연필, 붓과 먹물 등 재료를 다르게 썼고,
> 기존의 디지털 작업에서 수작업 위주로 작업 방식도 달리 했다.
> 『우리는 딱이야』

우리 할아버지, 할머니께
그리고 우리가 말하지 않고 남겨 둔 모든 것들에게 -민 레

우리 할머니께 -댄 샌탯

『우리는 딱이야』 헌사. 민 레의 할아버지와
댄 샌탯의 할머니 사진이 함께 실려있다.
원서에는 편집자 로템도 언급되어 있다.

으셨어요. 그래서 태국의 할머니가 미국에 방문하셨을 때 할머니와 원했던 만큼 가까워지지 못했어요. 비슷한 경험이 있었기에 손자 캐릭터를 더 잘 이해할 수 있었습니다.

헌사 사진은 제가 가장 좋아하는 23세 때 춤추는 할머니 기념사진입니다. 할머니를 기리기 위해 태국 전통 의상을 책 속에 꼭 넣고 싶었습니다.

이야기 초반부에 손자와 할아버지 간에 거리감이 확보입니다. 식사 메뉴 차이, 태국어로 추측되는 말풍선 속 낯선 언어까지요. 이런 아이디어는 경험에서 나온 것인가요?

제가 어렸을 때 태국 음식이 너무 매워서 부모님이 항상 제 몫으로 미국 음식을 따로 만들어 주셨어요. 지금은 태국 음식을 좋아하고 엄마의 요리법 중 몇 개를 만들

수도 있습니다. 민 레가 말풍선 장면의 원고를 써 놨기 때문에 정확히 무슨 일이 일어나는지 알고 있었어요. 처음 원고에서 할아버지는 베트남 말을 썼지만 태국 문화가 더 익숙한 저는 효과적으로 표현하기 위해 허락을 구해 등장인물을 태국계 미국인으로 바꿨습니다. 태국 글자를 쓸 줄 모르는 저 대신에 어머니가 말풍선 속 태국 글자를 써 주셨답니다.

주인공들이 그림으로 유대감을 쌓을 때 원숭이와 물고기, 용이 나타납니다. 이들은 전설이나 상징적인 의미를 내포하고 있나요? 아니면 단지 좋아하는 캐릭터인가요?

원숭이는 태국의 신들 중에서 짓궂은 역할을 하는 하누만입니다. 제가 '서유기'(손오공) 이야기를 좋아하기도 하고요, 아이가 그림으로 그린 존재가 독자들이 재미를 느낄 어떤 가벼운 특성을 모아 놓은 존재이길 바랐습니다.
글 작가 민 레는 원고에 주인공 사이에 갈등을 일으키는 악당으로 용을 설정했는데, 운 좋게도 태국 문화에서 용은 땅을 보호하는 신령한 존재입니다. 이런 요소를 이야기에 사용함으로써 책 전체에 태국 분위기를 느끼게 할 수 있었지요.

원숭이 하누만

다양한 SNS 활동을 통해 독자들과 소통을 하고 있는데요, SNS에 대해 어떻게 생각하십니까?

SNS는 좋으면서도 나쁜 매체예요. 사람들이 지식을 배우고 새로운 생각을 표현할 수 있도록 적절히 사용되고 있지만, 많은 사람들이 SNS를 남용하면서 공허해지고 더 냉담해진다고 생각해요. 저는 SNS가 사람들의 가장 나쁜 면들을 끌어냈다고 느낍니다. 저는 솔직히 SNS보다 실제 삶을 더 좋아합니다.
(댄 샌탯의 디지털 작업은 대용량 파일들로 결과물 로딩에 몇 시간이 걸리기도 한다. 작업 대기 중 주로 SNS 활동을 하기에 그의 다양한 SNS 활동은 치열한 작업의 흔적이기도 하다.)

한국 독자들에게 하고 싶은 말을 남겨 주세요.

제 책 중 많은 책들이 한국어로 번역되었습니다. 한국 독자들의 공감과 지지에 감사합니다.

글_ 오현수

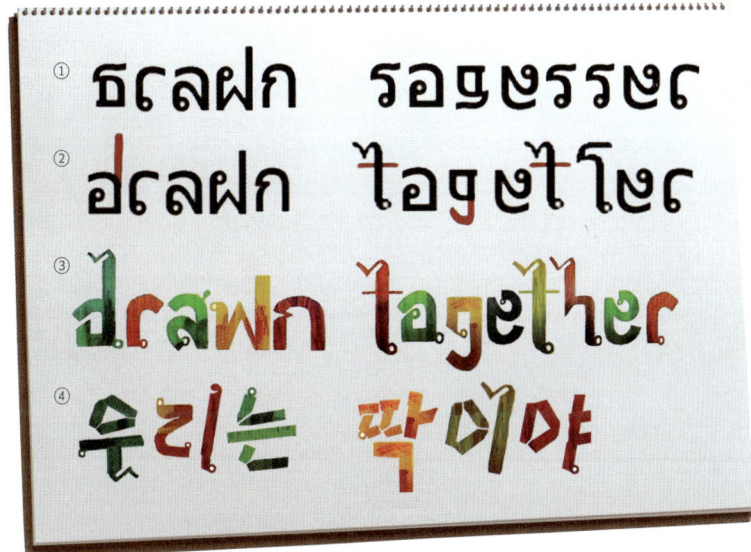

원제목 『drawn together』는 '함께 그림을 그렸다 / 서로 협력했다/ (의견, 마음이) 일치했다' 등의 뜻으로 쓰인다. 태국 글자와 영어 알파벳, 우리말까지 언어는 다르지만 한마음으로 통하는 제목이다.
타이포그래피 변형 이미지: 댄 샌탯 제공

J 인터뷰: 『우리는 딱이야』 편집자 로템 모스코비치

숨어 있으나 강력한 손, 그림책 편집자

로템 모스코비치

댄 샌탯

> "저자는 우선 편집자를 설득하려 하고,
> 편집자는 독자를 상상하며
> 그들의 욕구를 측정하려 한다."
> – 『읽는 직업』(이은혜 / 마음산책) 中

편집자 = Tastemaker, 프로젝트 매니저, 의견 조율가

편집자 인터뷰는 처음입니다. 편집자는 어떤 일을 하는지 궁금합니다. 소개를 부탁드려요.

안녕하세요? 저는 Alfred A. Knopf Books for Young Readers의 그림책 부문 편집국장입니다. 그전에는 디즈니 하이페리온에서 9년간 일했지요. 그때『우리는 딱이야』, 그렉 피졸리의『잘 자, 올빼미야!』,『수박씨를 삼켰어!』, 라이언 T. 히긴스의『내가 엄마라니!』등의 책을 편집했습니다.

편집자는 다양한 일을 합니다. '세상에 어떤 이야기를 내놓을 것인가'를 고민하고 선택하는 '취향을 만드는 사람(tastemaker)'이죠. 에이전트(혹은 작가)와 계약을 한 후에는 책에 관한 모든 것을 결정합니다. 프로젝트 매니저가 되는 거죠. 디자인, 교열, 제작, 마케팅, 판매, 2차 저작권 등 책을 성공적으로 출판하기 위한 모든 부서와 일을 진행합니다. 또 글 작가와 그림 작가의 협력을 돕죠. 질문을 하거나 제안을 해서 그들이 원하던 모양이 구현될 수 있도록 합니다. 원고의 초안, 스케치, 수정본을 계속 함께 보면서 책의 크기부터 글자체 선택, 표지 구성, 마지막 페이지 선택까지 디자이너와 함께 작업합니다.

『우리는 딱이야』처럼 글, 그림 작가가 따로 있으면 하는 일이 달라질 것 같아요.

글 작가와 그림 작가가 다를 경우, 저는 필터 역할을 하게 돼요. 두 작가가 원하는 모양이 다 만족될 수 있도록 최선을 다합니다. 민 레나 댄 샌탯은 훌륭한 협력자인데요, 민 레가 그림 작가인 댄의 생각을 펼쳐 낼 수 있도록 많은 여백을 주었어요.

어떤 글 작가들은 그들이 생각한 그림을 그림 작가에게 강요하려고 하죠. 저는 그림 작가가 좀 더 자율권을 가지고 그림을 그리길 원해요. 단지 글 작가의 아이디어에 충실하게 그리는 것 말고요. 그래야 더 멋진 책이 되거든요! 그림 작가가 시각적 내러티브로 이야기를 한층 더 풍부하게 만드는 작업을 보는 게 너무 좋아요. 독자들이 글 작가의 이야기를 새로운 시각으로 볼 수 있게 도와주니까요.

『우리는 딱이야』도 그런 책이라고 생각합니다. 이 책은 누가, 어떻게 시작하게 되었나요?

저는 두 작가와 각각 일해 본 경험이 있고, 그들과 다시 일하고 싶었어요. 민 레가 댄 샌탯 작품인 『비클의 모험』의 열렬한 팬이라는 게 생각났지요. 혹시 댄 샌탯이 그림을 그릴 만한 작품이 있는지 물어봤더니, 민 레가 몇 개의 아이디어를 보내 줬어요. 그중 『우리는 딱이야』는 보자마자 좋았어요. 민 레와 댄 샌탯은 모두 이민 2세대이고, 저 역시 이민자라서 우리 모두는 서로 다른 언어 때문에 생긴 긴장감을 느껴 본 적이 있었죠. 소리 내어 말할 수 없다면 사랑을 어떻게 보여 줄 수 있을까요?

책을 편집하면서 기억에 남는 순간이 있었다면요?

모든 순간이 좋았어요! 자신이 하는 일을 사랑하는 똑똑한 사람들과 일하는 건 정말 즐거운 일이에요. 그중에서도 민 레가 '말로는 설명할 수조차 없는 새로운 세상' 이렇게 설명 없이 글만 적고, 이를 토대로 댄 샌탯이 상상력으로 채운 스케치를 봤을 때가 참 인상적이었어요. 그는 아주 사소한 것까지 세심하게 신경 쓰고, 글 작가와 그림 작가 사이의 경계를 존중합니다. 이 책의 놀라운 점은 사람들이 여러 가지 방법으로, 또 감정적으로 어떻게 연결되어 있는지를 보는 것이었어요. 겸허하게 만들면서도 흐뭇한 감정적 연결이었죠.

독자가 책장을 넘기다가 문득 무언가 느끼는 순간을 만들기 위해

편집자마다 중요하게 생각하는 것이 다른 것 같습니다. 당신이 중요하게 생각하는 것은 무엇인가요?

그림책은 완급 조절이 매우 중요하다고 생각해요. 완급 조절은 읽기의 리듬을 설정하기 때문에 각 페이지를 넘겨야 하는 순간, 즉 독자들이 글이나 그림을 잠시 음미하거나, 무언가를 느끼는 순간을 생각해야 합니다. 리듬은 소리 내어 읽는 부분을 맡고 있고요. 필요 없는 여분의 글이나 대사를 없애는 것도 중요합니다. 그림이 보여 줄 수 있는 부분이 있다면, 글이 다 설명할 필요가 없겠죠. 그림책이 보여 주는 마법 중 하나가 아닐까요? 글과 그림은 서로 다른 방식으로 함께 보여 줄 수 있으며, 그런 만남은 그림책을 제대로 볼 수 있게 해 주죠.

그림책을 만들 때 독자를 염두에 둘 텐데요. 그 상상 속 독자들은 어떤 역할을 하나요?

음, 제가 대학원에서 공부할 때 독자에 대해서는 전혀 생각하지 않았어요. 오로지 글과 그림만 생각했죠. 하지만 편집자로서 저는 독자를 염두에 둡니다. 그림책의 관객(audience)은 아이와 그 책을 읽어 주는 어른, 이렇게 이중 독자입니다. 각각의 독자가 공감할 수 있는 무언가가 있어서 읽고 또 읽을 수 있으면 좋겠어요.

저에게 또 다른 '독자'는 학교, 도서관, 대형 서점, 독립 서점 등 책을 구입하는 다양한 곳입니다. 이들은 다양한 종류의 책들을 취급해요. 우리가 출판한 책이 그중의 하나가 되기를 기대하죠.

있는 코팅되지 않은 종이를 사용하기로 했죠. 디즈니 하이페리온에서 출판된 그의 책은 CMYK 4색 컬러 대신 별색이나 팬톤 PMS 컬러[1]를 사용합니다. 책꽂이에 꽂힌 책을 보면 정말 돋보이죠.

그냥 흰색과 크림빛 흰색의 차이

편집자로서 가장 보람된 순간은 언제일까요?

그림책 편집에서 제가 가장 좋아하는 부분 중 하나는 북맵을 만드는 일이에요. 애니메이션을 만들 때 쓰는 스토리보드처럼요. 보고 있으면 책 전체를 한눈에 볼 수 있어요. 조감도 같은 역할을 해서 이 장면에서 다음 장면으로 넘어가는 게 어떤지를 확인할 수 있습니다. 보면서 전체적으로 완급 조절이 되고 있는지 체크하는 거죠. 책을 만들고 난 다음에 좋은 순간은 독자나 평론가로부터 좋은 반응을 얻을 때죠. 또 다른 언어로 된 책을 보는 것도 신나요. 제가 편집한 책의 외국어 번역본을 모으는 것을 좋아한답니다.

기억에 남는 작업이 있다면요?

『수박씨를 삼켰어!』를 작업할 때, 화사한 흰색보다 크림색이 더 많이 들어간 특별한 종류의 코팅되지 않은 종이에 인쇄를 했어요. 색깔이 부드럽게 표현되길 원했기 때문이죠. 그런데 미국도서관협회 가이젤 상(아이들이 직접 읽기 시작할 때 도움이 되는 책에게 주는 상)을 받았을 때, 종이 수급에 차질이 생겨서 품절이 되고 말았어요. 그래서 그 후로 그렉 피졸리의 책에는 쉽게 구할 수

미국에는 편집자의 이름을 딴 임프린트[2]도 있죠. 편집자와 그 편집자가 함께하는 작가가 오랜 기간 만들어 내는 다양한 작품들이 하나의 스타일을 갖게 되는 것 같습니다. 편집자로서 추구하는 스타일이나 만들고 싶은 것이 있다면요?

제가 편집한 책이 재미있거나 호기심을 끌거나 혹은 이런 것들이 다 섞여 있거나 어떤 부분을 좋아해 주시든 독자가 안아 주고 싶은 책이었으면 좋겠어요. 독자가 그림책과 감정적인 연결을 가지고 있도록요. 저는 여러 겹

『수박씨를 삼켰어!』
(그렉 피졸리 글, 그림 / 토토북)

의 이야기가 있는 책이 좋아요. 예를 들면, 『내가 엄마라니!』는 부루퉁한 곰에 관한 재미있는 책이에요. 동시에 동면과 이주, 그리고 입양과 다양한 종류의 가족에 관한 책이기도 합니다. 또 『잘 자, 올빼미야!』는 올빼미가 시끄러운 쥐를 찾기 위해 집을 부수는 내용인데요. 불안에 대한 탐구이며, 무엇이 우리를 괴롭히는지 정확하게 알고 나면 침착해지는 것에 대한 이야기입니다. 아이들이 불안을 느끼게 하는 것들이 꽤 많은데, 그림책은 이 어려움을 안전하게 탐험할 수 있는 방법이 될 수 있습니다. 제가 편집한 책들이 책의 모든 부분(표지, 면지, 겉싸개 등)에서 영감을 주는 예술이 되어 이야기를 더 풍성하고 아름답게 표현하기를 바랍니다. 물론 잘 짜인 텍스트로 책의 톤이 잘 맞춰지고, 읽을 때 편안하면 좋겠어요. 그래서 주변 사람들과 나누고, 더 나아가 대대로 전해지는 책을 만들고 싶어요.

『잘 자, 올빼미야!』(그렉 피졸리 글, 그림 / 토토북)

이 편집자의 책이라면 무조건 읽는다! 이런 편집자가 있나요?

코니 슈[3]요! 그녀는 좋은 안목을 가지고 있고, 편집한 모든 책이 훌륭합니다.

그림책, 가장 안전한 모험

코로나19로 인해 앞으로의 삶이 달라질 거라고 합니다. 앞으로 어린이 책은 어떤 방향으로 나아가야 할까요?

어린이책은 이 위기의 순간에 생명줄이었고, 앞으로도 그럴 거라고 생각합니다. 특히 원격 학습과 함께, 어린이책은 재미있는 활동과 세계에 대해 배우는 방법, 둘 다로 작용할 거예요.

앞으로 하고 싶은 그림책은 어떤 것일까요? 그리고 현재 작업하고 있는 그림책들도 궁금합니다.

독자에게 중요한 책, 세상의 아름다움에 기여하는 책, 아이들이 자신을 돌아보고 자신과 타인을 이해하는 데 도움이 되는 책을 계속 만들고 싶어요. 특별히 소외된 목소리들이 책으로 만들어지고 독자의 마음까지 가닿기를 기대해 봅니다.

지금 작업하고 있는 책은 민 레와 댄 샌탯의 새로운 책

『문이 열리면』입니다! 또 랠프 베어라는 비디오 게임 발명가 이야기를 포함하여 인물 그림책을 몇 권 작업하고 있고요. 재미있는 그래픽 노블도 작업 중입니다.

『문이 열리면』
(민 레 글, 댄 샌탯 그림 / 대교북스주니어)

민 레와 댄 샌탯의 새로운 그림책 무척 기대됩니다. 그렇다면 로템에게 그림책이란?

그림책은 이야기를 통해 우리 세상의 경이로움을 공유하는 아름답고 간결한 방법이라고 생각합니다.

2019년 12월에 회사를 옮기셨죠. 새로운 출판사에서 나온 첫 책이 『Share your rainbow: 18 Artists Draw Their Hope for the Future』입니다. 책의 수익금을 World Central Kitchen[4]에 기부하신다고 들었습니다. 댄 샌탯을 비롯, 열여덟 명의 그림 작가들이 희망을 이야기하는 책인데요. 마지막으로 소개 부탁드리겠습니다.

어려운 시기의 아이들과 가족들을 돕기 위한 무언가를 하고 싶었어요. 아이들이 이웃에게 미래에 대한 희망을 주기 위해 무지개를 창문에 그려 넣는 운동이 있다는 걸 알게 되었어요. 이탈리아에서 시작된 이 무지개는 전 세계로 퍼져 나갔지요. 무지개는 폭풍이 지나간 후의 희망을 상징하고, 또 코로나19 바이러스 위기가 진정된 후 우리가 기대하는 것들을 상상하고 싶었어요. 책을 빨리 만들기 위해 많은 그림 작가들과 협력하는 방법을 택했습니다. 이 책의 수익금이 실직한 가족들에게 되도록 빨리 도움이 되었으면 했거든요. 작가들은 이 시기가 끝난다면 뭘 하고 싶은지를 그려 냈습니다. 친하게 지내고, 음식을 나누고, 즐거움을 나누는 인간관계를 핵심으로 꼽았어요. 그런 내용을 담고 있습니다. 여러분도 각자의 SNS에 #ShareYourRainbow로 희망의 마음을 나눌 수 있습니다.

글_ 김미선

---

1) CMYK 4색 컬러는 인쇄용 컬러를 뜻하며, Cyan(파랑) / Magenta(자주) / Yellow(노랑) / Black(검정)의 약자로 잉크 체계를 의미한다. 별색은 4색 컬러 이외의 특수한 색으로 형광색, 금색, 은색 등이 있다. 팬톤 PMS 컬러는 미국 팬톤사에서 제작한 팬톤 컬러매칭 시스템(Pantone Matching System)으로 색을 이름과 번호로 표준화하여 만든 컬러 차트집이다.
2) 임프린트(imprint)란 대형 출판사들이 별도의 브랜드를 내어 편집자 혹은 운영자에게 일체의 편집 혹은 운영을 맡기는 방식이다.
3) 코니 슈(Connie Hsu): Macmillan 그룹의 임프린트 Roaring Brook Press 대표. 편집한 책으로는 『작은 친절』, 『떨어질까 봐 무서워』, 『비클의 모험』, 『날 좀 그냥 내버려 둬!』, 『진짜 친구』, 『햇살을 타고』 등이 있다.
4) World Central Kitchen: 자연 재해 발생 시 식사를 제공하는 미국의 비영리 단체

J | 인터뷰: 『우리는 딱이야』 글 작가 민 레

제가 가장 좋아하는 곳이요?
좋은 책의 한가운데죠

기억하라, 국내에 번역된 그림책은 딱 세 권.
생소하겠지만 알아 두면 좋을 이름,
『우리는 딱이야』의 글 작가 민 레를 만나 보자.

열성 독자가 그림책 작가가 되었습니다

그림책 작가가 되겠다는 꿈은 언제 갖게 되었나요? 당신의 이야기가 궁금해요.

2001년 대학을 졸업할 때, 작은 동네 도서관에서 일하며 그림책에 글을 쓰고 싶다는 생각을 했어요. 그 뒤로 책 한 권이 나오기까지 오랜 시간이 걸렸지만요. 저는 글과 그림이 어우러져 이야기를 만들어 내는 그림책의 방식을 좋아합니다. 그림책은 제가 하고픈 이야기를 사람들과 나눌 수 있는 가장 좋은 방법이에요. 모든 연령대의 사람들과 함께 읽을 수 있고, 다양한 방법으로 쉽게 접할 수 있잖아요. 그래서 더 좋아합니다. 누군가 어린 시절 그림책과 사랑에 빠진다면, 그 책은 그 사람에게 평생 친구가 되어 줄 거예요.

그림책에서 글 작가의 역할은 무엇일까요? 글 작가로서 중요하게 생각하는 것이 있다면 얘기해 주세요.

글 작가는 그림 작가가 마법을 부릴 수 있도록 자리를 내줘야 합니다. 그래야 그림책이 날개를 달고 훨훨 날 수 있어요. 글과 그림이 완벽한 조화를 이룰 수 있도록 원고를 써야 하는 거죠. 작가 지망생들이 조언을 구하면, 저는 늘 생텍쥐페리의 문장을 인용합니다. '완벽함은 더 보탤 것이 없는 상태가 아니라, 더 덜어 낼 것이 없는 상태일 때 이루어진다.' 이 문장은 그림책 작가들에게도 최고의 조언이라고 생각해요. 빈 페이지를 보면 얼른 그 페이지를 채워야 한다고 생각하기 쉽잖아요. 하지만 멈추는 것도 중요합니다. 꼭 글이 짧아야 한다는 얘긴 아니에요. 문장이 길고 글밥이 많을 수도 있어요. 그래도 모든 단어는 꼭 필요한 단어여야 합니다.

가장 좋아하는 그림책 작가는 누구인가요? 그림은 그리지 않고, 글만 쓰는 작가 중에서요.

가장 좋아하는 글 작가라면, 지금 두 명이 떠오르는데요. 맥 바넷과 캐럴 보스턴 위더포드입니다. 맥의 글은 지적이면서도, 장난기가 넘쳐요. 어떨 땐 앞의 내용을 전부 뒤엎는 방식으로 글을 쓰죠. 저는 맥의 글쓰기 방식이 좋아요. 캐럴도 대단한 작품을 많이 썼어요. 자신의 이야기를 뜨겁게 담아내면서, 동시에 냉철하게 역사에 접근하는 능력이 존경스러워요.

글을 쓸 때 독자의 역할이 궁금해요. 혹시 가상의 인물을 염두에 두고 글을 쓰기도 하나요?

특별히 구체적인 인물을 생각하고 쓰진 않지만, 독자의 나이를 꼭 생각합니다. 앞에서 말했듯이, 그림책은 모든 연령대를 위한 책이지만, 창작자는 주요 독자층을 놓치면 안 돼요. 훌륭한 그림책은 모든 연령대 독자들에게 다가갈 수 있지만, 그림책이 훌륭한 책이 되려면, 반드시 어린이들의 마음을 사로잡아야 합니다. 제게 여덟 살, 다섯 살 아들이 있어요. 저는 제가 쓴 이야기를 항상 아이들에게 먼저 읽어 줍니다. 집에 먼저 책을 읽혀 볼 독자가 있어서 얼마나 편하고 좋은지 몰라요.

어떤 그림책 작가가 되고 싶은가요? 그림책을 통해 이루고 싶은 꿈이 있나요?

원래 목표는 서가에 제 이름이 적힌 책 한 권을 꽂는 거였어요. 이렇게 계속 글을 쓰는 건 상상도 못했죠. 최근에 저는 제 책들이 '상상력과 창의력의 힘', '가족과 공동체의 중요성'을 보여 준다는 생각을 했어요. 책의 세계에서 제가 그런 역할을 하고 있다는 것을 독자들이 알아준다면, 정말 행복할 거예요. 독자로 살아오며 저는 책이 세상으로부터 도피하는 장소라고 생각했는데, 작가가 되고 나선 책이 세상으로 돌아가는 길이라는 걸 알게 되었어요. 책을 통해 독자들과 더 의미 있는 관계를 맺고 싶습니다.

『우리는 딱이야』, 우리도 딱이야!

댄 샌댓과의 첫 작품, 『우리는 딱이야』는 어떻게 시작하게 되었나요?

제 첫 책 『나 혼자 읽을 거야』(민 레 글, 이사벨 로하스 그림 / 크레용하우스, 절판)의 편집자가 로템 모스코비치였어요. 로템이 댄 샌댓과 일했던 적이 있어서 우리를 연결해 주었고요. 댄과 작업하게 되었다는 메일을 받자마자 저는 이야기 두세 개를 며칠 안에 생각해 내야 했어요. 댄이 칼데콧 대상 수상의 광풍에 휩쓸려 정신없이 바빠지기 전에 얼른 치고 들어가야 했으니까요. 그때가 아내가 둘째 아이를 출산하고 막 집에 돌아왔을 때였는데 저는 새벽에 갓난아기를 재우며 '미국 아동문학에서 가장 위대한 상'을 수상한 그림 작가에게 걸맞은 이야기를 생각해 내야 했어요. 그 기억이 지금도 생생합니다. 『우리는 딱이야』는 바로 그때 나온 이야기예요.

그림 작가와 편집자와는 어떻게 의견을 나누며 작업했는지 궁금합니다. 어려움은 없었나요?

댄과 나는 친구지만, 그림책을 만들 때 직접 소통하지는 않아요. 우리의 작업 과정은 편집자 로템이 주도하고, 관리합니다. 작업을 하며 제일 좋았던 순간은 댄의 스케치를 처음 볼 때였어요. 이야기가 살아나기 시작하는 바로 그 순간이요. 작업 과정 중에 어려움이라 할 만한 건 없었어요. 우리 셋이 서로를 신뢰한다는 증거이기도 하죠. 저는 댄의 예술적 재능을 확신했어요. 그래서 제 원고에 여지를 남겨 두었습니다. 이 책에는 우리 두 사람의 '진짜' 이야기가 담겼고, 그렇게 나온 결과물이기에 독자들의 마음에 가닿았다고 생각해요.

이 작품은 글이 그림에게 자리를 주고, 그림이 글에게 날개를 달아 준다고 느꼈어요. 이후에 댄 샌탯과 『문이 열리면』도 함께 작업했는데 둘의 팀워크가 궁금해요.

그렇게 말해 주셔서 고맙습니다. 그게 딱 제가 처음 원고를 쓸 때 바라던 거예요. 전 댄의 오랜 팬이었어요. 댄과 작업할 때 저는 제게 질문을 던집니다. 댄이 그림으로 이야기를 풀어가는 걸 보려면 어떻게 하면 좋을지 생각해요. 댄의 그림은 매우 역동적인데, 『비클의 모험』 같은 책은 또 뭉클한 감동이 있어요. 저는 그 두 가지를 다 담을 수 있는 이야기를 생각해 내고 싶었어요. 이야기의 방향을 정한 후, 댄이 무엇을 만들어 낼지 궁금해하며 제 아이디어를 넘기는 것, 그거야말로 함께 작업을 하며 누린 기쁨이죠.

이 책의 헌사를 할아버지께 바쳤어요. 특별한 사연이 있겠죠?

친할아버지를 생각하며 이 이야기를 썼어요. 제 모어(母語)는 베트남어인데 아주 천천히 머릿속에서 지워졌죠. 조부모님은 베트남어를 주로 사용하시고, 저는 영어를 썼기 때문에 언어의 제약이 컸어요. 말할 수 없는 것이 많았죠. 그 당시엔 몰랐는데 나중에 댄도 같은 경험을 했다는 걸 알게 되었어요.

이 책이 독자들에게 어떻게 다가갔으면 좋겠는지, 당신의 바람을 듣고 싶어요.

『우리는 딱이야』는 단절로 인한 어색한 침묵에 관해 이야기하면서 동시에 두 사람 사이에 존재하는 사랑을 보여 줍니다. 언어, 문화, 세대의 단절이라는 어려움에도 불구하고 할아버지와 손자의 관계가 얼마나 깊어질 수 있는지 보여 주고 싶었어요. 두 사람뿐 아니라 모든 인간관계에서 마주하는 어려움도 마찬가지예요. 그런 어려움에도 불구하고 사랑은 깊어질 수 있다는 걸 얘기하고 싶었어요.

이야기를 사랑하는 사람, 이야기를 살아가는 사람, 민 레

"All the time is story time." 당신의 홈페이지에서 본 이 문장이 기억에 남아요. 더 자세한 이야기를 들려주세요.

우리집에선 이야기 시간이 정말 중요해요. 아이들은 저와 아내에게 항상 이야기를 들려 달라고 하죠. 저 말은 그때마다 제가 하는 말이에요. 두 아들을 무릎에 앉히고 함께 책을 읽거나 이야기를 들려주는 시간은 늘 제 우선순위예요. 그 시간을 제일 소중하게 생각합니다. 그러니 저 말은 진짜 사실인 거죠. 제 그림책 『*The Perfect Seat*』(Minh Lê, Gus Gordon / Disney-Hyperion)은 함께 읽는 즐거움에 관한 책이에요. 아이들이 이 시간을 소중하게 기억해 준다면 더 바랄 게 없겠어요.

요즘 같은 고립과 단절의 시간에 그림책은 큰 기쁨과 위로가 됩니다. 그림책을 사랑하는 한국 독자들에게 인사를 전해 주세요.

이 어려운 시기에 우리 모두 어떻게든 잘 살아가려고 애쓰고 있습니다. 그림책이 기쁨과 위로가 된다는 말도 맞고요. 책은 어두운 현실을 벗어날 비상구가 됩니다. 지금 인류가 마주하는 이야기의 장면은 어둡지만, 저는 우리가 힘을 합쳐 삶의 다음 장면을 잘 만들어 낼 거라 생각해요. 우리는 모두 자신만의 이야기를 만들며 살아가요. 참 멋진 일이죠. 그러니까 우리는 늘 지금, 이 순간에 마음을 쏟아야 해요. 삶이라는 이야기에서 어떤 역할을 맡을지, 다음엔 어떤 방향으로 이야기를 끌고 갈지 적극적으로 생각해 보세요. 우리의 이야기는 스스로 결정할 수 있으니까요. 당신만의 이야기를 만들어 가세요. All the time is story time!

글_ 용희진

고정순 작가와 권정생 작가가
광주의 아이, 그리고 우리 모두에게 보내는 편지

"미안해, 어른들이 바보 같아서 미안해…."
― 권정생

봄 꿈 _광주의 조천호 군에게…_

고정순 글·그림 | 권정생 편지 | 값 16,000원

아이는 숨바꼭질을 하고, 푸른 바다에서 헤엄을 치며 아빠랑 함께 노는 게 가장 행복합니다. 아빠 등에 업혀 동네 곳곳을 다닐 때면, 아이는 세상 모든 걸 다 가진 것처럼 행복하지요. 아이의 꿈은 나무처럼 쑥쑥 자라서 아빠를 업고 놀러 다니는 것입니다. 그런데 1980년 5월 18일, 총을 든 낯선 군인들은 아이에게서 천진난만한 꿈을 무자비하게 빼앗아 갑니다.

고정순 작가는 무자비했던 그날을, 평범하고 평화로운 일상을 이유 없이 빼앗긴 아이의 이야기로 그려 내며 그날의 비극이 우리 모두의 것임을 알립니다. 여기에 당시 아버지의 영정 사진을 들고 있던 다섯 살 어린아이(조천호 군)의 사진을 본 권정생 작가가 조천호 군에게 미안한 마음을 담아 쓴 편지를 더해 떠난 이들을 추모하고, 다시 한 번 그날을 기억하게 합니다.

••• 이 시대의 작가, 고정순이 쓰고 그린 책 •••

옥춘당 고정순 글·그림
"슬픈 세상에 사랑만이 유일한 구원."
저무는 순간이 더 아름다운 노을처럼 슬프고도 아름다운 사랑 이야기!

시소_나, 너, 그리고 우리 고정순 글·그림
"네가 있어서 볼 수 있는 풍경이 있고, 우리가 있어서 함께 할 수 있는 세상이 있어."
고정순이 꿈꾸는 우리가 함께하는 세상!

그림자 고정순 그림 | 한스 크리스티안 안데르센 글
"나는 나인가? 그림자인가?"
내 안에 숨겨진 또 다른 자아에 관한 묵직한 돌직구!

www.gilbutkid.co.kr 길벗어린이

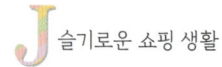

슬기로운 쇼핑 생활

그림책 러버의 다이소 쇼핑 목록

책 읽기의 즐거움을 환기시키는 소소한 아이템을 소개한다.
가성비템으로 아이와 책을 읽는 시간이,
나를 위한 시간이 작게나마 즐거워지길 바란다.

#날짜스탬프 (2,000원)

여행지에서 산 그림책, 도서관에서 반납한다니 울어 대는 통에 산 최애 그림책, 생일 선물로 사 준 그림책 등 두고두고 곁에 둘 그림책에 우리만의 장서인을 찍어 보자. 책을 산 날짜에 맞춰 도장을 찍고 간단한 글을 남겨 간직하길 바란다. 잉크 역시 따로 사자.

#LED돋보기 (3,000원)

암호처럼 적힌 글자, 작은 그림이 궁금해 그림책에 코를 박고 인상을 찌푸리던 날들은 이제 안녕. 속시원하게 2.5배율 돋보기로 그림책을 보자. LED 불빛 덕에 크고 환하게 그림을 볼 수 있다. 이불을 덮고 아이들과 소곤거리며 보물찾기하듯 그림책을 보는 재미도 놓치지 말자. 아차차, 배터리는 당연히 따로 구매해야 한다.

#마스킹테이프 (1,000원)

그냥 샀다. 다이소 가면 늘 마스킹 테이프 구역에 가서 새로 나온 디자인이 있는지 찾아본다. 그림책 굿즈로 받은 예쁜 엽서를 벽에 붙이거나, 반납 일자가 적힌 영수증을 책 앞에 붙여 놓거나 (나만 날마다 잊고 지내다 반납 독촉 문자를 받고서야 후회하는가!) 일기를 쓸 때 붙이거나 맘에 드는 그림이 있으면 그냥 산다. 천 원의 힐링이랄까.

#접이식시장가방 (1,000원)

겨울이 되면 어디선가 만날 붕어빵을 위해 호주머니에 삼천 원을 넣고 다니듯 가방 한쪽에도 늘 접이식 가방을 넣고 다니자. 갑자기 들른 도서관에서 예상치 못하게 책을 많이 빌릴 때도, 동네 책방에서 만난 인생 책을 샀을 때도 당황하지 말자. 돌돌 말린 가방을 탁탁 펼쳐 책을 담고 바람과 함께 사라질 수 있다.

#PP세워쓰는스케쥴러60매입 (2,000원)

성실하게 계획을 세워 날마다 아이에게 책을 읽어 주는 사람에겐 필요 없다. 필자처럼 월요일에 읽었나? 화요일이었나? 최근에 우리가 어떤 책을 읽었지? 가물가물한 독자에게 추천한다. 또는 책 트래커처럼 아이와 함께 읽은 쪽수를 기록하거나 도서관 가는 날이나 책 반납하는 날, 그날 읽은 책들을 적는 용도로 안성맞춤이다. 독서 기록 앱도 좋지만, 아이와 직접 손으로 글씨를 적어 차곡차곡 쌓여 가는 기록의 희열을 맛보길 바란다.

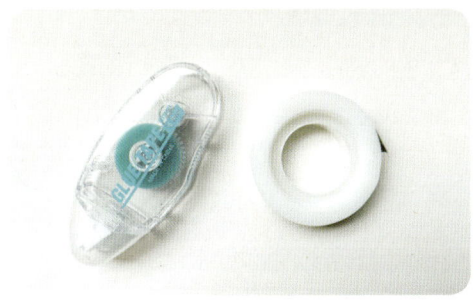

#도트타입풀테이프 (1,000원)
#3M스카치매직테이프리필 (1,500원)

집에 있는 그림책이 너덜거리거나 간단한 수선이 필요할 때 사용하자. 물론 도서관에서 쓰는 좋은 보수 테이프도 있지만, 당장 필요할 때는 동네 다이소에 뛰어가라. 풀테이프는 양면테이프로 도트 타입과 도트가 없는 민무늬 타입이 있다. 도트 타입을 추천하는 까닭은 떼었다 붙일 때 민무늬보다 깔끔하게 떼어지기 때문이다. 간단히 고치거나 아이와 함께 나눈 독후 대화를 메모지에 적어 그림책 면지에 붙일 때도 추천한다. (오래 붙여 두면 뜯어지는 건 마찬가지.) 3M 스카치 매직테이프는 다른 테이프에 비해 시간이 지나도 누렇게 변색되지 않고 종이 훼손이 덜하다.

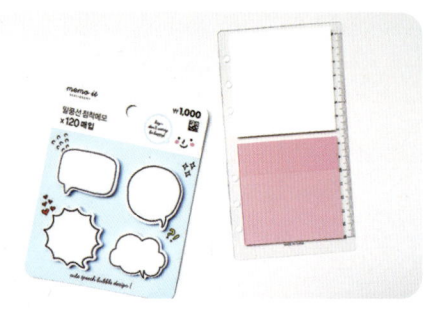

#말풍선점착메모 (1,000원)
#6공필름점착메모디자인B (1,000원)

혹시 도서관에서 그림책을 빌렸는데 낙서가 가득한 책을 만난 사람 손? 아이와 행복한 시간을 보낸 흔적이지만, 도서관 책에 낙서하는 건 안 된다고 가르쳐야 한다. 책 속 인물들이 어떤 이야기를 하는지 온갖 상상이 넘치는 글자 없는 그림책을 볼 때나, 대화를 기록하고 싶을 때 추천한다. 말풍선 메모지에 대사를 적어 인물 옆에 붙여 놓고 사진 한 장 찰칵, 마음에 남는 장면에 느낌이나 아이와 나눈 대화(논쟁 등)를 적어 붙여 놓고 찰칵. 그리고 메모지를 떼서 곱게 반납하길 바란다. 학교에서 그림책 수업을 할 때도 유용하게 쓰인다. 특히 말풍선 메모지는 나눠 주면 아이들이 알아서 와글와글 이야기가 넘치는 그림책으로 바꾼다. 필름 메모지는 두 가지 디자인이 있는데 투명 재질로 만들어진 디자인B를 추천한다. 천 원에 35매입 두 종류면 최고 가성비다. 아이들과 같이 그림책을 읽고 각자 마음에 드는 장면에 자신의 글을 적어 그림책 페이지에 붙이고 돌려 가며 읽기에 좋다. 여러 방법으로 순간을 잡아 내 영원으로 기록해 보자.

#PS클립보드(소) (1,000원)

도서관에서 책을 검색하고 장서 위치가 적힌 종이를 출력해 봤다면 이 클립보드를 추천한다. 동네나 학교 도서관에서 아이가 스스로 원하는 책을 찾기를 바란다면 소소한 동기 부여로 딱이다. 장서 위치 종이를 클립보드에 꽂고 보물지도처럼 책을 찾는 활동을 만들어 보자.

❶ 클립보드에 오늘 빌릴 책 제목을 적은 종이를 꽂아 준다.
❷ 스스로 도서관 컴퓨터에서 검색해 보고 장서 위치 종이를 출력한다. (학교에서는 자신이 직접 서가 위치를 적어 본다.)
❸ 다 찾은 책을 확인하고, 종이에 미션 완료를 적어 주자. (앞서 소개한 날짜 스탬프를 찍어 주는 것도 좋다.)

천 원짜리 물건으로 무슨 효과가 있을까 싶지만, 현실에서 순식간에 모험의 세계로 아이를 몰입하게 만드는 건 이런 사소한 장치들이다. 클립보드 뒷면에 아이 이름이나 좋아하는 스티커, 도서관 탐험 일지 같은 꾸밈을 출력해서 붙여 준다면 도서관 가는 길이 보다 특별해진다.

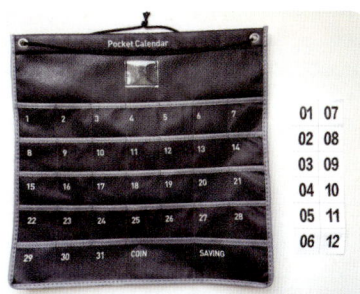

#부직포생활비달력(월간) (2,000원)

역시 기록 용도다. 원래는 아껴 쓰는 체크리스트 용도다. 물론 그달의 문화생활비를 꽂아 놓고 그 예산 안에서만 책을 사도 좋겠다. 하지만 필자는 그 금액을 지켜 본 적이 없어서 나도 못한 걸 다른 이에게 추천하긴 마음이 버겁다. 이 달력 역시 아이와 함께 책을 읽은 날을 표시하려고 샀다. 벽에 붙여 놓고 읽은 날에는 마스킹테이프를 붙이거나 아이가 좋아하는 스티커, 급하면 방바닥에 굴러다니는 종이를 찢어 꽂았다. 한 달이 지난 다음 이번 달 독서 기록을 적나라하게 확인하며 스스로에게 자꾸 다짐한다. '정신 차려. 이 시간은 금방 지나가!' 다음 달에는 더 많이 꽉꽉 채워야지.

#나무손잡이스틸바구니 (5,000원)
#JS정사각우드화분받침 (3,000원)
#전선정리케이블타이 (1,000원)

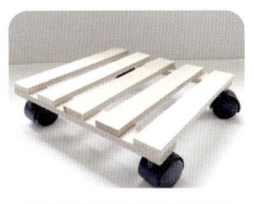

집안 곳곳 책탑을 둔 사람은 도서관에서 빌려 온 책이 그 속에 섞이면 막막하다. 가끔 다 반납한 줄 알았던 책이 어디선가 튀어나오면 절망스럽다. 도서관 전용 바구니가 필요하다면 집중! 세 개는 따로따로 쓰기에도 좋지만, 합체하면 그보다 더한 위력을 발휘한다.

❶ 마음에 드는 바구니를 산다. (바닥이 막히지 않은 바구니면 좋다)
❷ 바퀴 달린 화분 받침을 뒤집은 바구니 바닥 정가운데에 올려 둔다.
❸ 케이블 타이로 화분 받침을 튼튼하게 묶는다.
❹ 남은 케이블 타이를 잘라 내면 책카트 완성!

무겁게 들고 다니지 말고, 끌고 다니자. 무엇이든 놀이로 풀어내면 아이들이 먼저 찾아낸다. 책 읽는 시간이 지루해지거나 책에 관심이 덜한 어느 날 도전해 보자. 아이와 같이 만들면서 "여기에는 도서관에서 빌려온 책만 넣을까, 이번 달에는 여름이 나오는 책만 넣어 두고 볼까?" 이야기하며 우리만의 큐레이션을 꽂아 두는 바구니도 좋겠다.

글_ 이시내

칼럼: 여성은 왜 글을 써야 하는가? I

위대한 괴물의 탄생,
메리 셸리는 어떻게
프랑켄슈타인을 만들었을까요?

프랑켄슈타인이라는 이름은 다들 알 것이다. 하지만 프랑켄슈타인이 시체를 꿰매어 만든 덩치 큰 괴물의 이름이 아니라 괴물을 만든 박사의 이름인 것을 아는 사람은 별로 없다. 최초의 SF소설로 칭송받은 이 소설이 출간된 것은 1818년. 벌써 200년이 흘렀다는 것도, 그리고 『제인 에어』보다 30년이나 빨리 나온 이 소설을 쓴 메리 셸리가 당시 열여덟 살 어린 나이였다는 것도 아는 이가 드물다. 당시 영국은 이런 소설을 쓴 작가가 여자인 것을 받아들이지 못하는 분위기였기에 초판은 익명으로 출간해야 했고, 독자들은 서문을 쓴 퍼시 셸리가(영국의 3대 낭만주의 시인이자 메리 셸리의 남편) 진짜 작가라고 생각했다.

메리 셸리의 어머니는 『여성의 권리 옹호』(1792)를 쓴 영국 최초의 페미니스트 메리 울스턴크래프트이다. 하지만 어머니는 메리를 낳자마자 산욕열로 사망하고, 메리는 어머니의 무덤가에서 비석을 보며 글자를 익혔다고 한다. 출판사를 하던 아버지와 지인들이 나누는 지적인 대화 그리고 집에 가득히 있는 책들이 메리의 학교를 대신했다.

메리는 유부남 퍼시 셸리와 사랑에 빠져 낭만주의 대시인 바이런이 머물고 있던 스위스로 도피 여행을 떠났다. 메리와 퍼시 커플, 바이런과 메리의 동생 커플, 의사인 폴리도리가 함께 스위스 호숫가에 머무는 동안, 여름 내내 날씨가 나빠 집에만 있어야 했다. 심심한 이들은 '무서운 이야기 짓기' 게임을 시작했다. 이때 폴리도리가 지어낸 이야기가 바로 '뱀파이어', 최초의 흡혈귀 이야기라고 하니 그 모임 참 대단하다.

『펜으로 만든 괴물』 ⓒ 펠리치타 살라, 씨드북

『위대한 괴물의 탄생』
(린다 베일리 글, 훌리아 사르다 그림 /
봄의정원)

『펜으로 만든 괴물』
(린 풀턴 글, 펠리치타 살라 그림 / 씨드북)

바이런과 퍼시 셸리는 이야기 짓기를 금방 그만뒀지만, 메리 셸리는 집요하게 한 가지 이미지를 떠올렸다. 당시 유행하던 과학 실험 쇼의 한 장면이었다. 죽은 개구리에 전기 자극을 주자 펄쩍 뛰어오르던 모습을 잊을 수 없었다. 죽은 사람에게 전기 자극을 주면 어떻게 될까? 다시 살려 낼 수 있을까? 자기를 낳느라 죽은 어머니와 얼마 전에 죽은 어린 딸을 마음에 품고 있던 메리는 어떤 마음으로 글을 썼을까? 훗날 메리는 '우리 본성의 알 수 없는 두려움을 깨워 소름 돋게 만드는 이야기, 읽다 말고 겁에 질려 주위를 두리번거리고 피가 얼어붙고 심장 박동이 빨라지는 그런 이야기'를 쓰고 싶었다고 밝힌다.

『프랑켄슈타인』 출간 200주년을 맞아 연달아 나온 그림책 『펜으로 만든 괴물 – 메리 셸리는 어떻게 프랑켄슈타인을 만들었을까요?』와 『위대한 괴물의 탄생』에는 특별한 장면이 있다. 메리 셸리가 어떤 이야기를 쓸지 고민하는 대목에서 작가의 고뇌를 산책을 하거나 머리를 쥐어 뜯는 모습으로 표현할 수도 있으련만 두 그림책 작가는 똑같이 메리가 침대에서 뒤척이는 모습으로 그린 것이다. 메리가 잠 못 이루는 동안 괴물은 스스로 메리의 침대맡으로 찾아온다. 그러고는 메리를 가만히 들여다본다. 괴물은 메리가 자신을 발견하기를, 인정하기를, 그리하여 어둠 속에서 꺼내 주기를 기다리는 것이다. 왜 하필 침대일까?

페미니스트 사상가이자 시인인 에이드리언 리치의 유명한 시구가 생각난다. "생각하는 여자는 괴물과 함께 잠을 잔다." 에이드리언 리치는 여성의 욕망을 '괴물'이라고 불렀다. 남성 중심의 가부장제 사회에서 "나는 누구인가, 나는 왜 이렇게 살고 있는가? 이 사회는 어떻게 누가 움직이고 있는가" 여성이 생각하기 시작하면 더 이상 사회의 불합리한 요구에 응하지 않을 것이므로 여성이 생각하고 꿈꾸는 것은 금지되어 있었다. 여성이 자신의 욕망에 눈을 뜬다면 어떻게든 자신의 삶을 바꾸려고 해서 기존의 가부장제 판을 깨거나, 그 안에 머무른다 하더라도 불행할 것이므로 스스로 '욕망'하지 않으려는 이도 있을 것이다. "으악, 괴물이다! 더 이상 생각하지 마!"랄까. 하지만 괴물은 사라지지 않는다. 어차피 피 흘리고 임신하고 새끼를 낳는 여자는 자연에 보다 가까운 존재, 알 수 없는 타자, 그 자체로 괴물 취급을 받아 온 것을!

마침내 메리가 괴물을 더 이상 두려워하지 않고 이야기를 쓰기 시작하자 『위대한 괴물의 탄생』의 괴물은 편안한 표정이 된다. 『펜으로 만든 괴물』에서는 괴물은 물론 메리가 더 큰 미소를 짓는다. 자기가 누구이고 무엇을 원하는지, 자신의 말로 표현하기 시작하자 괴물은 이제 공포스러운 대상이 아니라 친구가 된 것이다. 이렇게 여성의 글쓰기는 내 안의 괴물을 발견하는 것, 그 괴물을 바깥으로 드러내는 일이다.

"생각하는 여자는
괴물과 함께 잠을 잔다."

— 에이드리언 리치

『위대한 괴물의 탄생』 ⓒ 훌리아 사르다, 봄의 정원

프랑켄슈타인 박사가 창조해 낸 괴물은 처음부터 끔찍한 존재가 아니었다. 오히려 몇 번 대화를 듣는 것만으로도 외국어를 익힐 만큼 머리도 좋고, 물에 빠진 아이를 기꺼이 구할 만큼 따뜻한 마음도 갖고 있었다. 하지만 흉측한 외모 때문에 사회로부터 배제당하는 괴물의 현실에는 여성이기 때문에 꿈을 억눌러야 했던 메리의 분노와 좌절이 반영되어 있다.

그러고 보면 사람들이 프랑켄슈타인이 괴물의 이름이라고 착각할 만도 하다. 사람들은 자신이 괴물을 만들어 놓고도 자기보다 더 강하다고, 자기가 생각하는 것과 다르다고 혐오하며 내팽개친 프랑켄슈타인 박사를 보고 저 사람이야말로 괴물이라고 생각한 게 아닐까?

이제 나의 머리맡을 지키고 있는 괴물을 가만히 들여다본다. 그냥 좋은 게 좋은 거지, 혹은 싸워 나갈 자신이 없어서 없는 척 모르는 척 만족하는 척 감춰 놓았던 괴물. 더는 외면하지 않고 너에게 언어를 주겠다고, 이름을 지어주겠다고 말해 본다. 나의 글 속에서 너를 만날 것이다.

안녕, 나의 프랑켄슈타인.

글_ 전은주

칼럼: 여성은 왜 글을 써야 하는가? II

대체 내 속에
어떤 힘이 있길래,
그토록 나를
두려워하느냐

『빨간 늑대』(마가렛 섀넌 글, 그림 / 키위북스)

그림책 『빨간 늑대』만큼 여성들이 글을 써야 하는 이유를 잘 말해 주는 책은 찾아보기 힘들다. 이 책은 '성에 갇힌 아가씨(Maiden in the Tower)'라는 서구 문화 속 전형적인 모티브로 시작해서 가장 미약하나 동시에 가장 강력한 힘으로 세상을 전복하는 비밀을 보여 주는 엄청난 책이다.

이 책에서 로젤루핀 공주는 성 안의 탑 꼭대기에 갇혀 있다. 세상은 너무 위험하니까 귀한 공주를 내보낼 수 없다며 아버지 왕이 공주를 가두었다. 탑에 갇힌 아가씨 모티브는 사실 '보호'라는 명목으로 여성을 길들이는 가부장 권력을 보여 준다. 탑에 갇힌 아가씨의 원형인 그리스 신화 속 다나에는 (결혼하지도 않았고, 만나는 남자도 없는데) 앞으로 낳을 아이가 다나에의 아버지를 죽일 거라는 예언 때문에 청동탑에 갇힌다. 결국 아버지의 두려움이 딸을 가둔다는 뜻이다. 핵심은 남성의 두려움이다. 여러 신화를 보면 남성이 여성이 가진 어떤 힘을 굉장히 두려워한다는 점을 알 수 있다. 가만히 읽다 보면 그런 생각이 든다 – 대체 내 속에 어떤 힘이 있길래, 나도 모르는 어떤 힘이 있길래 저들은 두려워하는 걸까

하는. 그래서 탑에 갇힌 아가씨 이야기를 읽을 때면 혼자 조용히 다짐하곤 한다. 저들이 두려워하는 내 속의 힘이 무엇인지 꼭 찾아내고야 말겠다고!

『빨간 늑대』 속 공주는 탑에 갇혀서 창밖 세상을 내다보고 또 내다본다. 갈 수 없는 푸른 숲에 대한 동경은 그렇게 더더욱 커져만 간다. 작용은 반작용을 부르는 법이라서, 억눌리면 치받아 오르는 힘도 커진다. 나가고 싶다, 자유롭고 싶다, 저 숲속으로 들어가고 싶다는 마음은 갇혀 있지 않은 사람은 절대 느끼지 못하는 욕망이 된다. 언제든 숲에 갈 수 있는 사람은 자신이 어떤 특권을 누리고 있는지 모른다. 원래 특권은, 누리는 자에게는 마치 공기와 같지만, 결핍된 자에게는 강렬한 욕망으로 그 속에 새겨지는 법이다.

변화는 선물처럼 찾아온다. 공주가 일곱 살이 되던 생일에 공주에게 선물이 온다. 수비학(numerology)[1]에서 3과 7과 12는 완전수이다. 즉 공주가 7세가 되었다는 건, 결국 시간이 무르익을 만큼 무르익었다는 뜻이다. 변화는 보이지 않는 수면 아래에서 오래 기다리고 무르익어야 모습을 드러내게 되어 있다. 오랜 시간 어두운 탑에 갇혀 자포자기하지 않고, 자신을 추스르며 벼르고 별렀던 힘은 그렇게 외부에서 변화의 힘을 불러들인다. 공주 앞으로 황금 상자가 온다. 황금은 신화와 동화에서 귀하고 소중한 본성을 나타낼 때 등장한다. 이 귀하고 소중한 본성이 깃든 상자에는 털실과 쪽지가 들어 있다. 쪽지에는 "로젤루핀에게, 무엇이든 뜨고 싶은 걸 뜨세요."라고 적혀 있다.

탑에 갇힌 공주는 뜨개질을 시작한다. 그렇게 한 땀 한 땀 떠서 빨간 털실로 빨간 늑대 옷을 만들어 입는다. 그러자, 공주는 빨간 늑대로 변해 돌탑을 부수고 뛰쳐나갈 수 있게 된다. 그렇게 숲으로 달려가 늑대는 먹고 싶은 것을 먹고, 달리고 싶은 만큼 달려 본다. '처음 만나는 자유'는 (영화 제목이지만) 기실 이럴 때 붙여야 하는 이름이 아닐까.

세상을 전복시키는 힘, 글쓰기

왕은 공주가 빨간 늑대에게 잡혀 갔다고 생각한다. 이 부분은 아주 의미심장하다. 다른 옛이야기에서 용은 원래 여성 속의 어떤 힘인데, 그 힘을 누설한 여성이 사회의 억압을 끊고 나가면, 포악한 용에게 공주가 납치되었다고 조작하는 것과 비슷하지 않은가. 누구의 말이 누구를 어떻게 '정의하는지' 잘 살펴볼 일이다.

결국 빨간 늑대는 사람들이 자신들을 잡아먹지 말라고 갖다 바친 음식을 배불리 먹고 잠이 든다. 그리고 꿈속에서 숲이 점점 커져 사방을 에워싸고 빨간 늑대는 다시 로젤루핀 공주가 된다. 오히려 꿈에서 현실을 실현하는 이 부분도 참으로 신기한 부분이기도 하다. 『빨간 늑대』가 현실과 환상(언어로 짠 이야기)이 전복되는 이야기라는 점이 여기서 분명해지기 때문이다.

---

[1] 숫자와 사람, 장소, 사물, 문화 등의 사이에 숨겨진 의미와 연관성을 공부하는 학문

다음 날 사람들은 빨간 털실을 따라가 숲속에서 잠든 로젤루핀 공주를 찾아 다시 왕에게 데려온다. 공주는 그렇게 다시 탑에 갇힌다. 왕은 탑 안에서 목도리나 떠 달라고 공주에게 말하고, 공주는 아버지를 위해 뜨개질을 한다. 공주가 떠 준 털옷을 입은 순간, 아버지는 작은 생쥐로 변한다. 공주는 생쥐 옷을 떴던 것이다. 그렇게 아버지는 더 이상 로젤루핀 공주를 구속할 힘이 없는 존재가 된다.

뜨개질하는 여성은 위험하다

사실 모든 이야기 속에서 뜨개질, 혹은 물레질을 하는 여자들은 위험하다. 이들은 이야기를 빚는 힘을 가진 이들이다. '모이라'라고 불리는 그리스 신화 속 운명의 여신들이 실을 잣는 이유이기도 하다. 운명의 여신은 세 명인데, 한 명은 인간의 생명을 나타내는 실을 잣고, 한 명은 감고, 한 명은 이를 끊는 모습으로 그려진다. 즉, 인간의 삶이 마치 실처럼 자을 수 있고, 이를 감아 옷감을 짜는 재료가 될 수 있고, 언젠가는 끝난다는 것을 이 운명의 여신들의 실 잣기, 실 감기, 실 끊기에서 볼 수 있다. 이 운명의 여신들이 사람의 삶이라는 이야기를 주무르는 것처럼, 작품 속에서 실을 잣고, 옷감을 짜고, 뜨개질하는 여성들도 이야기를 끌고 가거나, 이용하거나 해결하는 여성들이다. 그래서 어떤 이야기이든 읽다가 뜨개질을 하는 여성이 나오면 눈여겨봐야 한다. 어떤 여자들이 글 속에서 뜨개질하는지 찾아보면, 가깝게는 애거사 크리스티의 추리 소설 속 미스 마플이 뜨개질을 하고, 모두가 아는 고전에서는 『폭풍의 언덕』의 하녀 넬리가 뜨개질을 한다. 『폭풍의 언덕』은 락우드라는 작품 속 화자가 들려주는 이야기이다. 락우드가 직접 겪고 적은 부분은 늙은 히스클리프의 집에서 묵은 경험, 그리고 캐서린 주니어와 힌들리 주니어 커플이 등장하는 부분뿐이다. 히스클리프와 캐서린의 러브 스토리 거의 대부분은 넬리가 뜨개질하며 들려준 이야기를 락우드가 전하는 형식으로 적혀 있다. 즉, 『폭풍의 언덕』은 히스클리프와 함께 같은 집에서 자란 같은 또래의 하녀 넬리가 재구성한 이야기를 락우드가 듣고 옮기는 구성을 취하고 있다. 주워 온 고아인데 주인 나리가 된 히스클리프와, 같은 여자인데 이 남자와 저 남자에게서도 사랑받고도 충분치 않았던 캐서린을 넬리는 과연 어떤 눈으로 보았던 걸까. 개인적인 감정이 하나도 개입되지 않은 객관적인 진술을 넬리는 과연 할 수 있었던 걸까. 이야기를 지어내는 힘을 가진, 뜨개질하는 넬리는 캐서린과 히스클리프의 사랑 이야기에 자신의 감정과 의견을 얼마 만큼 끼워 넣어 채색한 걸까. 넬리는 그렇게 자신의 느낌과 생각으로 채색된 이야기를 들려주며 끊임없이 뜨개질한다.

뜨개질의 힘은 『빨간 늑대』에서 아주 잘 드러난다. 가두어 둔 딸에게 뜨개질을 허락하는 아버지의 모습은, 글을 읽으라 교육하면서 읽은 대로 살지는 못 하게 하는 아버지들의 모습과 똑 닮았다. "너는 여자이니까, 세상은 위험하니까. 네가 읽은 위인전대로 사는 건 위험하니까. 여자 주제에." 이렇게 가둔다. 이 불일치가 여성들 내면에 터져 나오는 균열을 만든다. 로젤루핀이 빨간 늑대 옷을 입고 탑을 뚫고 나간 것처럼, 글을 읽고 꿈을 꾸게 되

『빨간 늑대』(마가렛 섀넌 글, 그림 / 키위북스)

「Danae(Copper Tower)」
- Edward Coley Burne-Jones(1888)

었을 때 꿈을 실현하지 말라는 압박을 받으면 그 누구인들 내면에서 외부로 터져 나가지 않겠는가. 그래서 프랑스의 철학자이자 문화 연구가인 뤼스 이리가레(Luce Irigaray)는 여성들의 글에는 찢어져 갈라진 틈(fissures)이 있다고 했다 2).

글쓰기가 여성들에게 마법의 힘이 되는 이유는, 글쓰기를 통해 해방과 전복을 꿈꿀 수 있기 때문이다. 늑대 옷을 짜 입고 숲을 달리고, 생쥐 옷을 짜서 아버지라는 존재를 탈바꿈시키는 힘이 글쓰기에 있다. 현실에서 이 글쓰기의 힘은 글쓰기를 통해 주체성을 쌓고, 글쓰기를 통해 아버지가 더 이상 크나큰 존재가 아니고 내게 힘을 행사할 수 없음을 인지하고 선언하는 일이다. 이 모든 것은 그래서 언어의 싸움이 된다. 뜨개질, 즉, 글쓰기는 용이라는 흉악한 라벨이 붙은 여성 안의 이름을 되찾는 일, 내 속의 힘을 흉포한 용이라 가스라이팅하며 탑 속의 연약하고 고운 공주로 남아 있으라는 권력에게 "당신은 내게 생쥐만큼밖에 영향력을 발휘할 수 없어!"라고 선언하는 일이기 때문이다. 그래서 레베카 솔닛도 『이것은 이름들의 전쟁이다』라고 책 제목부터 그렇게 짓지 않았던가. 『빨간 늑대』식으로 다시 말하자면, 그래서 "이것은 뜨개질에 대한 일이다!". 여성들은 글을 써야 한다. 로젤루핀 공주처럼 뜨개질을 해야 한다.

글_ 조이스박

「*Moirae, or the Fates*」(운명의 여신들)
출처: 『*Greek Mythology Systematized*』
(Sarah Amelia Scull / Porter & Coates)

조이스박 영문학과 영어교육학(TESOL)을 한국과 영국에서 공부하고, 영어 학습서와 에세이, 칼럼을 쓰고 대학에서 영어를 가르칩니다. 온 집 안에 책탑을 여기저기 쌓으며 아들과 살고 있습니다. 지은 책으로 『하루 10분 명독 낭독 영어 스피킹 100』, 『내가 사랑한 시옷들』, 『빨강 머리 앤과 함께하는 영어』, 『처음 만나는 그리스 로마 신화』 등이 있고, 옮긴 책으로 톨킨의 동화 『로버랜덤』, 피츠제럴드의 『행복의 나락』, 『2가지 언어에 능통한 아이로 키우기』, 『달님이 보여준 세상』 등이 있습니다.

2) 출처: 『반사경: 타자인 여성에 대하여』(뤼스 이리가레 / 꿈꾼문고)

김동수 지음 | 220X255mm | 36쪽 | 양장 | 2002년 11월 30일 | 11,000원

감기 걸린 날

김동수 작가의 첫 번째 그림책이자,
제3회 보림창작그림책공모전 우수상 수상작
《감기 걸린 날》이 올해로 출간 20주년을 맞았습니다.
독자 분들의 사랑에 진심으로 감사드립니다.

20 YEARS

● 프랑스 · 일본 · 대만 · 그리스 저작권 수출

《감기 걸린 날》 출간 20주년 기념

깃털 하나로 시작된 즐거운 상상!

"어린 시절에 오리털 파카를 입으며 문득 떠올렸던 생각이 모티프가 되었고,
원인과 결과에 대한 아이들만의 독특한 생각을 재미나게 표현해 보고 싶었습니다."

- 김동수 작가

《감기 걸린 날》 20주년 기념 - 김동수 작가와 여섯 권의 그림책 이야기
올 하반기에 출간될 《감기 걸린 날》 20주년 한정판 리커버도 많이 기대해 주세요!

보림출판사×김동수 그림책 천하무적 고무동력기 · 할머니 집에서 · 엄마랑 뽀뽀 · 오늘의 일기 - 학교 가는 날 · 잘 가, 안녕 · 머리 감는 책

주소 경기도 파주시 광인사길 88 | 전화 031-955-3456 | 팩스 031-955-3500 | 메일 borimbook@borimpress.com | 인스타그램 @borimbook

J 모리스 샌닥의 초대장

그림 형제의 길에서 날아온 샌닥의 초대장

아이와 그림책을 읽다 보면 아이의 취향대로 서가가 재정리된다. 기대가 컸지만 아이 반응이 시큰둥했던 모리스 샌닥의 책들은 판타지 3부작 시리즈라 불리는 『괴물들이 사는 나라』, 『깊은 밤 부엌에서』, 『잃어버린 동생을 찾아서』만 남기고 정리를 했다. 그러나 어느 날 책장 속 장식품 같았던 모리스 샌닥 책들이 생명력을 되찾고 내 삶에 특별한 초대장을 보내온 마법 같은 일이 일어났다.

『The Art of Maurice Sendak』(Selma G. Lanes / Abrams)
『The Art of Maurice Sendak: 1980 to the Present』(Tony Kushner / Harry N Abrams Inc)
『The Juniper Tree』(Lore Segal · Randall Jarrell, Maurice Sendak / Farrar, Straus & Giroux)

2020년 봄, 『라키비움J 민트』 출간 후 밀려온 공허함과 코로나19로 인한 무력감에 기자들은 모리스 샌닥 작가 스터디를 시작했다. 학창 시절로 돌아간 듯 두툼한 영어 원서를 뒤적거리며 작품 구석구석에 숨겨진 삶 이야기의 재미를 느끼다 보니 어느새 18권의 모리스 샌닥 책이 서가에 쌓였다. 두 달간 함께 공부한 결과물을 모아 자료집을 만드는데 유독 내 마음에 다가왔던 책이 있었다. 그림 형제 동화집 『The Juniper Tree』였다. 그림 형제 동화집 출간 150주년 책을 준비하던 모리스 샌닥은 독일의 메르헨 가도(동화의 길: 그림 형제가 이야기를 채록한 도시를 이은 길)를 직접 다니며 19세기 초 그림 형제의 흔적을 찾아다녔다. 그림 형제 동화에서는 유독 숲과 길이 많이 나온다. 주인공들은 부모를 떠나 길을 걷고 숲속을 헤매며 고난과 역경을 극복하고 성장한다. 진정한 자기 자신을 발견하고 인생의 길을 찾는 것이다. 모리스 샌닥은 미술관, 중세 도시, 숲을 걸으며 그림 형제의 숨결을 느끼고자 노력했다. 그 결과 1973년에 출간된 『The Juniper Tree』는 그림 동화집 초판본의 클래식한 만듦새는 계승하면서도 그림 동화하면 누구나 떠올리는 줄거리의 뻔한 장면이 아닌 샌닥이 재해석하고 선택한 장면으로 그려졌다. 또한 삽화 속에 작가 서명처럼 애견 에이다와 이오의 모습까지 담아내 자신의 그림 형제 동화집임을 강하게 선언한다.

기자들이 직접 번역하고 사진을 첨부해
스터디 자료집을 만들었다.

꺅! 1970년대 덕후가 보낸 것은…

작가가 보여 준 끝없는 노력과 열정, 200년 전 그림 형제의 혼이 고스란히 전해져서일까. 두 달간의 공부를 끝낸 나에게 『The Juniper Tree』를 책거리 선물로 주고 싶었다. 절판된 이 책을 향한 마음을 SNS에 토로했더니 그림책 세계에서 인연 맺은 타국의 동생이 중고 책방에서 구해 주었다. 몇 날 며칠을 기다려 배송받은 날, 서둘러 책장을 넘기는 순간 곱게 접힌 기사가 나타났다. 곧 부서질 듯 바스락거리는 누런 종이에 1973년 12월 10일 날짜. 『The Juniper Tree』에 대한 타임지 서평 기사였다. 설마? 그제야 판권 페이지를 살펴보니 first edition, 1973

1973년 12월 10일 발행된 타임지에 실린
모리스 샌닥의 『The Juniper Tree』와 작품 이야기

년. 책 속의 기사 존재를 몰랐던 동생도 놀라워했다. 이 기사를 오리고 책장 속에 곱게 간직한 사람은 어떤 사람이었을까, 어떤 마음으로 간직했을까. 잡지 기사를 읽어 내려가면서 나는 또 한 번 놀라고 말았다. 그 기사에는 『The Juniper Tree』와 모리스 샌닥의 작품에 대해 내가 느껴 왔던 감상과 이야기가 고스란히 담겨 있었다. 마치 "네가 이 책을 원했던 이유를 내가 알아."라고 말을 건네는 것처럼. 이 책과 기사는 나와 어떤 인연이 맞닿아 47년의 세월을 뛰어넘어 머나먼 바다 건너 여기까지 왔는지. 빛바랜 기사와 나보다 한 살 어린 책을 쓸어 보며 미지의 사람들을 상상하면 시큰해진다.

살면서 이런 귀한 경험은 덕후의 경지에 오른 이에게나 오는 것이라고 생각했다. 엄밀히 말하면 나는 모리스 샌닥의 덕후가 아니다. 겨우 인물 이야기 원서 한 권을 읽고 붙일 수 있는 이름이 아니다. 하지만 운명의 초대장은 때로는 예고하지 않고 온다. 초판본 책과 잡지 기사를 받던 날 나는 또 한 권의 모리스 샌닥 전기를 구입했다. 모리스 샌닥이 나에게 어서 오라며 손짓하는 느낌을 받았기 때문이다. 타임지 기사의 기자 정보를 찾을 수 없었기에 어쩌면 이 모든 것이 자신의 책을 더 보고 더 공부하라는 작가의 큰 그림일지도 모른다는 생각이 들었다. 감히 모리스 샌닥의 덕후라고 말할 수는 없으나 덕후의 세계로 가는 초대장을 받았음을 여기에 인증해 본다.

글_ 오현수

모리스 샌닥의 일생

샌닥 구멍은 파는 것

누구나 알지만 아무도 모르는 모리스 샌닥의 작품과 일생

1928년 6월 10일
미키마우스와 같은 해에 출생. 부모님은 폴란드에서 뉴욕으로 이주한 유태인

1928

1948

학교를 싫어했던 샌닥은 고등학교를 졸업 후 맨해튼의 디스플레이 회사에서 2년간 근무하다가 그만두고 다시 브루클린으로 돌아가 창밖으로 보이는 풍경이나 아이들이 노는 모습을 스케치하며 많은 시간을 보냈다.
그 아이들은 대부분 유태인 아이들이었다.
이 스케치는 훗날 많은 작품의 기초가 되었다.

1934

샌닥의 아버지는 종종 아름다운 이야기를 지어 삼 남매에게 들려주었다고 한다.
이 시간은 샌닥의 작품 세계에 중요한 밑거름이 되었다.

어린 시절 잦은 병치레로 6세까지 침대에서 많은 시간을 보내느라 책이나 장난감 같은 사물과 우정을 쌓았다.
형 잭과 함께 쓰고 그려서 책을 만들며 놀기도 했다.

글_ 임민정, 그림_ 김리연

일이 없었던 1948년 스무 살의 여름,
형 잭 샌닥과 함께 직접 만든 장난감을
맨해튼 5번가의 FAO Schwarz에 가져간다.
장난감을 입점시키지는 못했지만
쇼윈도 상품 진열 보조 일자리를 얻게 된다.

1950

"샌닥은 뛰어난 천재였어요.
원고에 확실치 않은 부분이 있으면
샌닥의 본능을 믿었습니다."

1950년, FAO의 바이어가
어설라 노드스트롬을 소개한다.
Harper & Brothers의 편집자였던
그녀는 1951년 샌닥에게 처음으로
『The Wonderful Farm』의
그림을 그리도록 한다.

어설라 노드스트롬(Ursula Nordstrom, 1910~1988)
샌닥을 비롯한 수많은 명작가를 탄생시킨
전설적인 아동 도서 편집자

1952

"루스 크라우스의 원고를 보자마자 폭발적인 아이디어가 나왔어요.
루스 크라우스와 그 남편 크로켓 존슨에게 많은 것을 배웠죠.
이 책은 평단의 호평을 받았고 덕분에 FAO를 그만두고
부모님 댁에서 독립할 수 있었어요."

글, 그림을 모두 작업한
두 번째 책 『아주 머나먼 곳』을
출간했지만 이 무렵 샌닥은
『꼬마 곰』시리즈처럼
다른 작가의 글에 그림을 그리며
자신의 스타일을 찾아가는
시기를 보낸다.

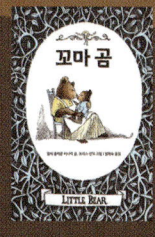

1957

1957

"나는 다른 작가들의 기술과 스타일을
부끄럼 없이 빌려 왔고 그것들을 개인적인 언어로
따라 하려고 노력했어요.
나는 혁신가이기보다 편곡자입니다."

"처음에는 『Where the wild horses are』라는
제목으로 더미북을 만들었어요. 그런데 도저히
말을 잘 그릴 수가 없었죠. 다른 동물로 바꿔도
어울리지 않아 고민하다가 'things'로 바꾸었어요."

1963

『괴물들이 사는 나라』는 출간 즉시 논란의 중심이 되었다.
아이들이 무서워할 것이라고, 아이들을 위협할 수 있다고.
그러나 책은 전례 없는 성공을 했다. 이 책으로 샌닥은
칼데콧 대상을 받았는데, 수상으로 인해 책도 많이 팔렸지만
하고 싶은 작업을 계속 할 수 있는 원동력이 되었다.

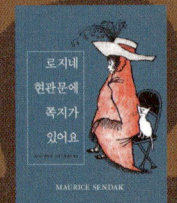

1962

"박스 케이스에 들어 있는 4권의
작은 책 세트인 『넛셸 라이브러리』는
출간 이후 거의 50만 부가 팔리는
성공을 거두었습니다."

1960

『로지네 현관문에 쪽지가 있어요』와 훗날 만들게 되는 애니
메이션 『Really Rosie, Starring the Nutshell Kids』에 등장
하는 '로지'는 브루클린에서 자주 관찰하며
스케치했던 이웃 소녀 로지를 모델로 했다.

1967

샌닥이 평생 사랑한 실리엄 테리어 종의 애완견 제니. 'Love of My Life'라고 표현할 만큼 제니를 사랑했고, 다양한 그림책에서 제니의 모습을 찾을 수 있다. 제니가 세상을 떠나고 한 달 뒤에 나온 이 책 속에서 제니는 영원히 살아 있다.

1981

모리스 샌닥은 『괴물들이 사는 나라』, 『깊은 밤 부엌에서』, 『잃어버린 동생을 찾아서』 세 작품을 '3부작'이라고 칭했다. 공통적으로 '1분 정도의 방심'에서 일어난 일을 다루고 있다고. 『잃어버린 동생을 찾아서』는 샌닥이 네 살 때 일어났던 '린드버그 주니어 납치 사건'의 기억을 담고 있다.

1970

심장 발작으로 죽음의 고비를 넘기고 사랑하는 제니와 어머니를 떠나 보낸 후 출간한 이 책을 샌닥은 '나의 한가운데에서 나온 책'이라고 표현했다. 그림에는 샌닥의 어린 시절인 1930년대의 뉴욕에 대한 찬사로 가득하다.

1993

2011

2012

"나이가 들면서 느끼는 건 세상을 사랑하게 되었다는 겁니다. 나이가 든다는 건 축복이에요. 나는 준비가 됐어요. 당신은 당신의 삶을 살아가세요."
– 2011년 말, 마지막 인터뷰 中

2011년 생전의 마지막 책 『범블아디의 생일 파티』를 끝으로 2012년 5월 8일, 85세의 나이로 세상을 떠났다.

※ 기사 속 모든 모리스 샌닥의 국내 번역서 저작권은 시공주니어에 있습니다.

J 샌닥 ♡ 모차르트

샌닥이 사랑한

모차르트

샌닥도 덕후였다는 사실을 아는가? 그는 모차르트 덕후였다.
공공연히 모차르트의 팬임을 밝혔던 그는 "삶에 목적이란 게 있다면,
나는 모차르트를 들으려고 태어난 것"이라고 선언할 정도였다.
그런 샌닥에게 믿을 수 없는 제안을 한 인물이 있었다.

1978년, 오십을 바라보던 나이의 모리스 샌닥은 '3부작' 중 마지막 작품인
『잃어버린 동생을 찾아서』를 집필 중이었다.
생각처럼 잘 풀리지 않아 고민하던 샌닥에게 한 통의 전화가 온다.

오른쪽 그림) 모리스 샌닥이 그린 1980년 휴스턴 그랜드 오페라단 「마술피리」 공연 포스터
: 『괴물들이 사는 나라』를 연상케 하는 열대 우림 속에 스핑크스와 매의 머리를 가진 이집트 신상이 있고, 세 명의 시종이 모차르트를 닮은 누군가에게 악기를 건네고 있다. 「마술피리」의 배경인 고대 이집트 제국을 샌닥만의 독특한 시선으로 해석한 이 작품은 샌닥이 계속해서 오페라 작업을 이어 나가게 만드는 교두보 역할을 하게 되었다.

THE MAGIC FLUTE

HOUSTON GRAND OPERA

"오페라「마술피리」작업을 함께 해 보지 않겠소?" 그는 바로 오페라 무대 감독 프랭크 코르사로였다. 샌닥은 믿을 수 없었다. "제가 오페라 디자인을 한다고요? 제가 누군지 알고 있나요?" 코르사로는 대답했다. "진지하게 전화한 거요." 그렇게 샌닥은 1980년 휴스턴 그랜드 오페라단을 위해 모차르트의 오페라「마술피리」의 의상과 세트 디자인을 맡아 공연을 올린다.

한 가지 재밌는 사실은 코르사로가 샌닥에게 오페라 작업을 의뢰할 당시 샌닥이 모차르트를 좋아한다는 것을 전혀 모른 채 그에게 접촉했다는 점이다. 뉴욕타임스의 인터뷰에 따르면 코르사로는 샌닥의 디자인이 오페라의 화려하고도 우울한 분위기를 잘 살릴 수 있으리라 생각했다고 한다.

> "오페라「마술피리」 작업을 함께 해 보지 않겠소?"

「마술피리」와 『잃어버린 동생을 찾아서』 사이의 평행 이론

모차르트의 마지막 오페라 작품인「마술피리」의 의상과 무대 디자인을 성공적으로 마친 샌닥은 1981년, 곧이어 자신의 '3부작' 중 마지막 작품인『잃어버린 동생을 찾아서』를 발표했다. 샌닥은 이 작품을 "모차르트에 대한 나의 사랑을 더욱 구체적으로 보여 주려는 시도"라고 말했다. "모든 색상과 모든 형태를 내가 상상할 수 있는 한 가장 진실하게 그의 초상화처럼 그렸다. 이 책은 그림책의 형태를 가진 모차르트의 초상화이다. 이것은 모차르트 생애에 대한 내 상상의 산물"이라고 표현할 정도로 모차르트에 대한 찬사를 퍼부은 샌닥은 정작 책에 대한 헌사는 친구였던 바바라 브룩스에게 바쳤다.

잃어버린 동생을 찾기 위해 길을 떠나는 아이다를 주인공으로 한 이 작품은 모차르트의 오페라「마술피리」와 묘하게 겹쳐 있다. 먼저, 스토리의 전개가 비슷하다. 주인공 아이다가 잠시 한눈을 파는 사이 고블린들이 동생을 데려가 버리고 아이다는 동생을 찾으러 먼 길을 떠난다.「마술피리」역시 주인공 타미노가 밤의 여왕의 잃어버린 딸인 파미나를 찾으러 자라스트로의 사원으로 떠나면서 벌어지는 일들을 다루고 있다.

또한, 두 작품 모두 악기의 도움을 받는다.「마술피리」는 제목부터가 악기 그 자체 아니겠는가. 극 중에서 타미노와 파미나는 시련이 닥쳐올 때마다 파미나의 아버지가 만든 마술피리를 불어 위기를 헤쳐 나간다.『잃어버린 동생을 찾아서』의 아이다에게는 나팔이 있다. 아이다는 멋진 나팔을 불며 딴청을 피우다가 아기를 빼앗기지만 먼바다에서 들려오는 아버지의 충고대로 나팔을 연주해 고블린들을 춤의 물결 속으로 빠트리고 동생을 구한다.

모차르트 현악 4중주를 들으며 그린 판타지 시퀀스(1970)
샌닥이 클래식 음악을 들으며 기분 전환을 꾀하던 스케치 작업으로 일종의 그래픽 몸풀기의 일환이었다.

마지막으로, 두 작품에 나오는 시련이 닮아 있다. 「마술피리」 2막의 아리아에서 두 기사는 "이 고난으로 가득한 길을 지나려는 자는 진실로 불을, 물을, 공기를, 그리고 대지를 지나게 되리라"라고 노래하며 타미노가 맞을 시련을 예고한다. 이 시련들은 『잃어버린 동생을 찾아서』의 아이다에게서도 나타난다. 동생을 찾으러 창문을 나서며 떠오르는 아이다에게서 공기의 시련을, 불바다를 통과하는 타미노와 고블린이 사는 지하를 통과하는 아이다에게서 불의 시련을, 그리고 아이다의 나팔 소리에 정신없이 춤을 추다 물에 녹아 버리는 고블린의 모습에서 물의 시련을 찾아볼 수 있다.

『잃어버린 동생을 찾아서』 중 한 장면
이 그림의 원화에 '현악 사중주 다장조 - 모차르트'라고 써 놓은 글귀가 적혀 있다.

"모차르트는 7남매 중 막내였는데 그중
유년기를 넘긴 형제는 둘밖에 없었다네.
그 둘 중 하나가 모차르트라는 게 놀랍지 않은가?
거의 신을 믿게 할 만한 얘기일세.

– 샌닥이 친구와 한 대화 中"

『Dear Mili』중 한 장면. 모차르트가 땅에 기대어 지휘를 하고 있다.

샌닥의 작품 속에 등장하는 모차르트

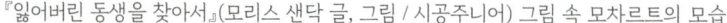

샌닥 자신이 "그림책의 형태를 가진 모차르트의 초상화"라고 언급했던 작품 『잃어버린 동생을 찾아서』에는 실제로 모차르트의 초상화가 등장한다.

용감하게 고블린을 물리친 뒤 동생을 되찾은 아이다가 집을 향해 길을 떠나는 장면에서 독자들은 모차르트를 만난다. 넓은 초원을 가로질러 흐르는 구불구불한 시내 옆에 오두막 한 채가 있고, 그 안에서 모차르트는 피아노를 연주하고 있다. 오두막(Waldhütte)은 샌닥에게 창조적인 영감을 주는 낭만적인 이미지로 그의 여러 작품에 반복하여 나타난다. 그가 디자인한 오페라 「마술피리」의 포스터에서도 오두막을 볼 수 있다. 그리고 그 오두막 안에는 역시 모차르트가 있다.

숲속의 오두막은 비밀스러우면서도 안도감을 주는 공간이다. 그림 형제의 이야기를 바탕으로 만든 작품 『Dear Mili』(Wilhelm Grimm, Maurice Sendak / Farrar, Straus & Giroux)에서 밀리는 전쟁이 터진 마을을 떠나 혼자 깊은 숲으로 숨는다. 밤길을 헤매다 찾은 오두막에는 성 요셉이 있었고 그곳에서 밀리는 자신의 수호천사를 만난다. 그리고 샌닥은 모차르트를 그들 사이에 숨겨 놓았다. 어쩌면 샌닥에게 모차르트는 수호천사 같은 존재였을지도 모르겠다.

샌닥은 직접 무대와 의상을 디자인한 오페라 「마술피리」의 초연을 보며 눈물을 흘렸다고 한다. 모차르트와 함께 이런 일을 해냈다는 게 믿기지 않는다며 모차르트와 관련된 모든 일은 내게 과분한 것이라고 말했다는 샌닥, 자신은 베토벤처럼 불같은 성정을 가졌지만 늘 쿨하고 유쾌한 기운을 뿜어내는 모차르트를 동경했던 샌닥, 그는 성덕이었다.

글_ 하예라

『잃어버린 동생을 찾아서』(모리스 샌닥 글, 그림 / 시공주니어) 그림 속 모차르트의 모습

어린이 마음을 비추는 다채로운 이야기, 미세기 그림책

왱왱왱

화가 치솟을 때는 어떻게 해야 할까요?
토마토를 막 던져서 남을 괴롭히거나,
벌침을 놓듯 톡톡 쏘면 화가 좀 가라앉을까요?
아니에요. 그건 엉망진창 화풀이예요.
화를 어떻게 다루어야 할지 이 책과 함께 알아 가요.

글 레모니 스니켓 | 그림 릴라 알렉산더 | 옮김 김영선

앨버트, 쉿!
글·그림 이자벨 아르스노 | 옮김 이상희

볼로냐 라가치상 수상작가 이자벨 아르스노
가 만들어 낸 사랑스러운 어린이 세상!
고요한 시간을 즐기고 싶은 앨버트를 위한
친구들의 특별한 상상이 펼쳐집니다.

★ 어린이도서연구회 추천도서 ★

1초마다 세계는
글·그림 브뤼노 지베르 | 옮김 권지현

1초마다 세계에서는 어떤 일이 일어날까요?
통계화된 숫자로 우리 삶을 조망하는 이 책을
보면 나와 우리, 세계를 깊이 생각하게 됩니다.
우리가 세계에 미치는 영향에 대해서도요.

★ 볼로냐 라가치상 수상작 ★

주소 | 서울시 강남구 논현로 164 유니북스빌딩   홈페이지 | www.miseghy.com   인스타그램 | @miseghy_books

J 그림책 작가의 반려동물

찾았냥? 나를 찾아 보시개!

그림책 작가의 반려동물은
매력적인 뮤즈로서 작가에게 영감을 주기도 하고
책 속에 직접 등장해 독자의 사랑을 받기도 한다.
그림책 속에 등장한 여러 반려동물 가운데
고양이와 강아지만 살짝 엿보기로 하자.

『깜박깜박 고양이 모그』, 『안녕, 모그!』
(주디스 커 글, 그림 / 북극곰)

주디스 커 & 고양이 모그

그림책 속 고양이가 무지개다리를 건너는 내용의 신간이 발표되었을 때 한 유명 일간지는 고양이 부고 소식을 알리며 여러 권에 이어져 나왔던 고양이의 삶을 총정리한 추모 특집 기사를 실었다. 여왕의 남편은 국민들의 슬픔이 깊으니 작가에게 고양이를 살려 달라고 요청했다. 그림책 속 이야기 같은 이 상황은 2002년 그림책 『안녕, 모그!』가 영국에서 출간되었을 때 일어난 일이다.

작가 주디스 커는 2차 세계 대전 때, 히틀러의 박해를 피해 영국에서 피난 생활을 하며 아기 고양이를 키우는 꿈을 꾸었다. 결혼 후 집을 장만하자마자 얼룩 고양이 모그를 키운다. 1970년 자기 가족을 모델로 고양이 모그가 등장하는 『깜박깜박 고양이 모그』를 발표했다. 작품 속에서 삶은 계란을 좋아하는 고양이 모그는 엉뚱하고 황당한 사고를 저지르지만, 매번 행복하게 마무리되며 사랑받는다. 작가와 18년을 함께 살았던 고양이 모그는 1970년부터 2002년까지 16권의 그림책에 등장하며 세계인의 사랑을 받는 고양이가 되었다. 2015년 고양이 모그는 『*Mog's Christmas Calamity*』(Judith Kerr / HarperCollins) 책을 통해 깜짝 귀환해 〈SAVE THE CHILDREN〉의 아동 문맹 퇴치 운동을 위한 책 판매로 백만 파운드(한화 16억)를 모금하여 독자들에게 그동안 받은 사랑을 돌려주었다. 고양이 모그는 2019년에 타계한 주디스 커 작가와 함께 천국에서 휴식을 즐기고 있다.

주디스 커 작가와 고양이 모그

권윤덕 & 고양이 진주

다양한 세상의 목소리와 역사 이야기를 담아내는 권윤덕 작가에게는 말동무로 17년을 함께 한 삼색 고양이 진주가 있었다. 2003년 가을, 등산로 쓰레기통 근처에 버려졌던 아기 고양이를 데려와 키우며 작가는 사람에게 길들여지지 않는 고양이의 고고함과 독립성에 매료되었다. 작가는 고양이가 사람처럼 서서 움직이는 모습에 아이들이 고양이와 친구가 되어 함께 노는 모습을 꿈꿨다. 주인에게 의존적이지는 않지만 감정과 애정도 표현하는 고양이를 보며 작가는 아이들이 고양이처럼 주체적인 존재로 자라길 원했다. 초록 눈 고양이 진주는 2005년 『고양이는 나만 따라 해』에 처음 등장해 외롭고 겁 많은 아이와 따라 하기 놀이를 하면서 용감한 고양이처럼 바깥세상에 나가길 격려해 준다. 『일과 도구』와 『피카이아』에서는 아이들이 주변의 세상살이와 이웃들에게 관심을 갖도록 이끌어 주는 존재로 나온다.

『고양이는 나만 따라 해』
(권윤덕 글, 그림 / 창비)

『일과 도구』(권윤덕 글, 그림 / 길벗어린이)

『피카이아』
(권윤덕 글, 그림 / 창비)

권윤덕 작가의 고양이 진주

2019년 고양이 진주는 『고양이는 나만 따라 해』의 초판 발행일인 11월 15일에 고양이별로 떠났다. 권윤덕 작가 사진 제공

『이봐요, 까망 씨!』 속 크리켓

데이비드 위즈너 & 고양이 크리켓

때로는 반려동물이 작업의 물꼬를 터 주기도 한다. 데이비드 위즈너는 글자 없는 그림책으로 놀라운 상상력의 세계를 보여 준다. 1993년 잡지 『Cricket』에서 지구에 불시착한 작은 외계인 이야기가 담긴 표지 작업을 했던 그는 2001년 이 장면을 그림책으로 만들려다 벽에 부딪치자 무려 십 년을 묵혔다. 2011년 데이비드 위즈너는 고양이 장난감에는 도통 관심도 없는 까망 고양이 크리켓과 살았다. 작가는 낙서로 우주선을 그리다가 문득 고양이 크리켓이 외계인의 우주선을 갖고 노는 장면을 떠올린다. 그 후 작업은 순조롭게 진행되었다. 데이비드 위즈너는 그림책 속 풍경을 정교한 미니어처 모형으로 만들어 주요 장면을 구성하거나 등장인물 모형의 움직임을 참고해 주인공의 생생한 움직임을 살리는 등 사실적이고 섬세한 작업 방식으로 유명하다. 좀 더 생생한 장면 표현을 위해 이번에는 소형 비디오카메라를 막대에 고정해 고양이 눈높이로 들고서 미끼를 쫓는 고양이 크리켓을 따라다니며 촬영했다. 2013년 작 『이봐요, 까망 씨!』(데이비드 위즈너 글, 그림 / 비룡소)에 집 안 곳곳에서 벌어지는 고양이 크리켓과 외계인들의 추격전과 모험이 더욱 생생하게 다가오는 이유이다.

존 버닝햄
& 룰루, 스탠리, 마일즈

헬렌 옥슨버리는 이스라엘에서 일할 때 버림받은 개를 발견했다. 이스라엘에서 프랑스까지 배에 실어 데려와 가족으로 지내게 된 개 룰루는 그의 남편 존 버닝햄의 그림책에 등장한다. 나이가 들자 둥글해진 룰루를 보고 대포알을 상상한 존 버닝햄은 버려진 개가 서커스단에서 활약하는 『대포알 심프』(존 버닝햄 글, 그림 / 비룡소)를 그렸다. 책의 약표제지에 룰루에게 바치는 헌사와 함께 룰루 사진도 있다.

부부가 키우던 개 스탠리에서 착안한 『내 친구 커트니』(존 버닝햄 글, 그림 / 비룡소)도 있다. 이 책 역시 부모를 졸라 개를 키우기로 겨우 허락받지만 "깨끗하고 잘생긴 개로 골라야 해. 알았지?" 말하는 부모와 달리 "아무도 안 데려가는, 그런 개는 없어요?"라며 커트니를 데려오는 아이들이 등장한다. 늙은 개 커트니는 떠돌이 개라며 부모에게 미움을 받는다. 커트니는 아이들의 기대 이상으로 훌륭한 능력을 뽐내지만, 끝내 어른에게는 안 좋은 개로 평가받으며 사라진다. 물놀이를 하다 위기에 처한 아이들을 돕는 미지의 존재가 등장하며 책은 끝나지만, 웃고 있는 아이들과 달리 존 버닝햄의 풍자는 어른의 마

무척 사랑하지만
몹시 까다로운
우리 강아지 마일즈

『마일즈의 씽씽 자동차』 헌사

『마일즈의 씽씽 자동차』 속
마일즈

『대포알 심프』 속 룰루

룰루에게

『대포알 심프』 헌사

음을 후벼 판다. 버림받았지만 서커스단에서 자신의 존재를 증명하는 심프와 늙은 떠돌이 개로 등장하는 커트니 모두 룰루와 스탠리의 사연과 겹쳐진다.

다른 이들에겐 까다로웠지만, 부부에게 사랑받은 강아지 마일즈를 위한 책 『마일즈의 씽씽 자동차』(존 버닝햄 글, 그림 / 비룡소)도 있다. 실제 마일즈는 그림책 속 마일즈처럼 산책보다 차를 타고 카페 wells에 가길 더 좋아하는 강아지다. 마일즈를 주인공으로 한 두 번째 이야기를 구상하던 중 건강이 많이 나빠진 존 버닝햄은 부인 헬렌 옥슨버리에게 이야기를 마무리해 달라고 부탁한다. 이 책을 마칠 수 없을 거라 예상한 존과 그즈음에 세상을 떠난 마일즈. 헬렌 옥슨버리는 자신에게 소중한 두 존재를 위해 책을 완성한다.『날아라, 마일즈』(빌 살라만 글, 존 버닝햄·헬린 옥슨버리 그림 / 비룡소)에 왜 부부의 두 이름이 그림 작가로 들어갔는지 알 수 있다. 이쯤 되면 존 버닝햄 책에 나오는 동물 캐릭터들은 모두 부부가 직접 키우던 동물들이 아닐까? 의문이 든다.

『강이』
(이수지 글, 그림 / 비룡소)

이수지 & 강이

작가의 작품마다 조연처럼 등장하는 익숙한 검은 강아지가 있다.『이렇게 멋진 날』(리처드 잭슨 글, 이수지 그림 / 비룡소)에서 아이들과 함께 빗속을 뛰어다니며,『선』(비룡소)에서 얼음 위를 미끄러지고,『여름이 온다』(비룡소)에도 어김없이 등장하는 강아지, '강이'가 있다. 학대를 받다 지인에게 구조되어 이수지 작가 집에서 키우게 된 검은 개는 작가의 자녀, 산과 바다에게 강이란 이름을 받았다. 그림책『강이』는 삶의 일부로 늘 존재하며 사랑받는 가족으로 지내다 세상을 떠난 강이를 담담하지만 묵직하게 담았다. 제한된 색과 풍성한 여백에서 작가가 흘려 보내는 감정을 독자는 제한 없이 상상하며 읽는다. 독자가 책장을 펼칠 때마다 강이는 영원히 살아 숨 쉬며 사랑을 전한다.

『내 친구 커트니』 속 스탠리

백희나
& 방울이, 순영이, 구슬이

『알사탕』(책읽는곰) 속 구슬이

『나는 개다』(책읽는곰) 속 방울이

『알사탕』(백희나 글, 그림 / 책읽는곰)에서 동동이와 함께 놀고 싶지만, 몸이 예전같지 않다 고백하는 구슬이를 기억하는가. 작가와 함께 지내는 반려견 구슬이와 더불어 구슬이 엄마 방울이, 어린 시절 키우던 순영이를 위해 만든 『알사탕』의 프리퀄에 해당하는 『나는 개다』(백희나 글, 그림 / 책읽는곰) 역시 빠질 수 없는 작가의 반려동물 그림책이다. 책에 등장한 구슬이 엄마 방울이는 (작가와 12년을 함께 한 반려견) 해마다 많은 강아지를 낳는 믹스견이다. SNS에서 독자가 보내 준 성견 사진을 바탕으로 만들어진 구슬이의 가계도는 실제 이름과 더불어 생생하게 살아 움직이는 듯하다. 이 그림책은 작가가 태국에서 머무는 동안 갑자기 친정집으로 보내진 개의 입장에서 그리기 시작했다. 책 속에는 언제나 묵묵히 곁에서 온기와 신뢰를 보내는 반려견의 모습이 담겨있다. 동동이의 어린 시절과 하늘에서 소녀처럼 뛰어다니는 할머니, 아빠의 젊은 시절이 보고 싶다면 이 책 또한 추천한다.

글_ 오현수, 이시내

우리 작가들이 쓰고 그린 우리 아이들 이야기

연이와 버들 도령

아스트리드 린드그렌상 수상 작가 백희나 신작
고립과 단절을 딛고 일구어 낸 눈부신 성장의 서사!

두근두근 편의점

어린이의 일상에 빛을 비추는 작가 김영진 신작
울뚝불뚝했던 마음이 말랑말랑해지는 편의점의 마법!

욕심은 그만 레이스 장갑

아이부터 어른까지 모두가 사랑하는 작가 유설화 신작
모두 다르고 모두 특별한 우리 아이들의 이야기!

책읽는곰은 우리의 어제와 오늘, 그리고 내일을 잇는 어린이책을 만들어 갑니다.
홈페이지 www.bearbooks.co.kr SNS Instagram @bearbooks_publishers

 편집 후기

이상하다. 분명 합본호가 더 쉽대서 합본호를 만들었는데
새로운 잡지를 내는 거랑 무슨 차이가 있지?
이렇게 다시 쓸 거면 그냥 새로 냈지!
팔랑귀와 다짜고짜 무대뽀 정신 덕에 그나마 삶은 성장한다.
웃어야 할까, 울어야 할까. 잡지 만드는 동안 정신 나간 사람을
이해해 주는 옆지기와 형제에게 존경과 고마움을 보낸다. - 이시내

『라키비움J 레드』 독자에서 시작해 조금씩 스며들다 『라키비움J 롤리팝』
편집 참여까지 하고 있다니 신기하다. 예상도 상상도 못한 일들이 일어나는
지금, 후기를 쓰고 있는 난 누구인가? 분명 합본호라 했는데
왜 다 새 글이 되어 있는 거지? 이런 정성과 열정 많은 사람들과 함께 라니…
나 괜찮은 걸까? 아직은 물음표가 가득하지만 앞으로 글을 쓰면서 내 안에도,
『라키비움J』 독자들 마음에도 느낌표가 가득 차길 바라 본다. - 정유진

디자인 마무리 즈음이 되면 기자들을 재촉한다. "편집 후기 써 주세요."
나도 뭔가 멋진 말을 쓰고 싶지만 이맘때의 나는 늘 좀비 같다.
교정을 보느라 머릿속엔 띄어쓰기만 둥둥 떠다닌다.
그래서 깊이 생각한 말이 아닌, 항상 품고 있는 말이 나온다.
"고마워요 여러분, 다 여러분 덕분이에요."
세상이 아름답고 매사에 감사하기 시작한 건 아이를 낳은 후부터였는데
어쩜, 나는 『라키비움J』가 자식 같은가 봐. - 편집장 임민정

그림 같은 육아는 어려워도 그림책 읽는 육아는 가능하다.
그림 같은 삶은 어려워도 그림책 읽는 삶은 가능하다.
나를 키우고 아이를 키우는 그림책을 더 많은 이와 나누고 싶어
『라키비움J』 만들기를 멈출 수 없다.
100호를 만들쯤엔 우리 모두 그림 같으려나? ㅎㅎ – 하예라

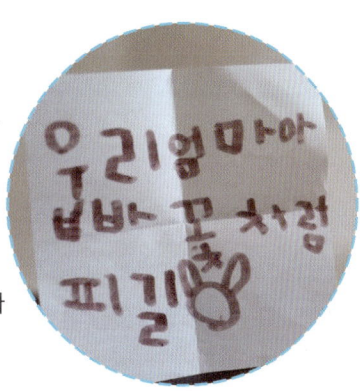

지난 원고를 다시 돌아보며 고민과 성장의 흔적에 민망함과 대견함을
동시에 느낀다. 코로나 시대의 우울함에 휩쓸리지 않고
두 발 딛고 서 있게 해 준 든든한 지지대는 그림책이 전해 주는
웃음과 위로, 그와 함께한 사람들의 밝은 에너지였다.
이렇게 한 시절의 문 하나가 닫히고 또 새로운 문이 열린다. – 오현수

어느 만화 영화에 이런 장면이 나온다. 뱃속의 아기가 "엄마 빨리 낳아주세요"라고
하자 엄마가 대답한다. "엄마 뱃속에서 말할 수 있는 아이라면 스스로 나올 수도 있어."
과연 아이는 스스로 나온다. 아이들을 키우면서 자주 이 장면을 떠올렸다.
요즘은 나 자신에게 말한다. "빨리 나를 낳아 줘. 여기에서 나가고 싶어. 답답해!"
그러고는 혼자 대답한다. "내가 말할 수 있다면, 스스로 할 수 있지 않을까?"
심지어 내겐 해 보라고 격려해 주는 친구들이 있지 않은가? 번번이 편집 후기는
그들을 향한 러브 레터가 된다. 당신들과 함께해서 정말 다행이야.
서로 다르고 다른 만큼 재미있는 나의 친구들, 고마워. – 전은주

도서 출판 달그림은 한밤에 포근한 빛을 내는 달처럼
고요히 마음을 어루만지는 감성 그림책을 펴냅니다.

날마다 조금씩 성장하는
풀들을 통해 전해 주는 삶 이야기!

연남천 풀다발

작가는 매일같이 산책하며 찬찬히 눈여겨보았던 홍제천 주변 작고 낮은 풀들의 이야기를 따뜻한 시선으로 담아냈습니다. 산책한 곳은 홍제천이지만 동네 이름을 따 '연남천'이라 이름 지었습니다. 자세히 보지 않으면 존재하는지도 몰랐던 도시의 풀꽃 속에도 삶이 담겨 있음을, 깊이 있는 관찰을 통해 정갈한 색감과 정제된 언어로 그렸습니다.

전소영 지음 | 56쪽 | 23,000원

도서 출판 초록서재는 여린 잎이 자라 짙은 나무가 되듯,
마음과 생각이 깊어지는 책을 펴냅니다.

유아 교육 전문가가
제대로 고르고 깊이 있게 분석한
101권의 그림책!

우리 아이들을 위한 그림책 읽기 지도를
《101권의 그림책, 제대로 재밌게 읽자!》와 함께하세요.

책에서는 오랫동안 아이들의 사랑을 받아 온 책, 아이들에게 꼭 읽히고 싶은 책 101권을 엄선해 소개했습니다. 선정한 책들의 특성에 따라 가장 쉽게 읽기 전략 지도를 할 수 있도록 알려 주는 안내서입니다.